新汉语教程

情景·功能·结构

II

李晓琪 戴桂芙 郭振华 编著

北京大学出版社
北　京

图书在版编目(CIP)数据

新汉语教程(Ⅱ)/李晓琪等编著。—北京：北京大学出版社，1999.2
　ISBN 7-301-04029-6

Ⅰ.新…　Ⅱ.李…　Ⅲ.汉语-对外教育-教材　Ⅳ.H195.4

书　　　　名：新汉语教程(Ⅱ)
著作责任者：李晓琪等编著
责 任 编 辑：胡双宝
标 准 书 号：ISBN 7-301-04029-6/H·442
出　版　者：北京大学出版社
地　　　　址：北京市海淀区成府路205号　100871
网　　　　址：http://cbs.pku.edu.cn/cbs.htm
电　　　　话：邮购部 62752015　发行部 62754140　编辑室 62752028
电 子 信 箱：zpup@pup.pku.edu.cn
排　印　者：北京大学印刷厂
发　行　者：北京大学出版社
经　销　者：新华书店
850×1168毫米　32开本　11.625印张　268千字
1999年2月第二版　2006年1月第六次印刷
定　　价：30.00元

目 录

第三十一课 ········· 1
会话　找工作
课文　我要到中国去
语法　1. 从(二)
　　　2. "这儿"和"那儿"
　　　3. 先……再……然后……最后……
　　　4. 对
　　　5. 因为……所以……

第三十二课 ········· 12
会话　琳达要回国了
课文　坐火车去中国
语法　1. 有一点儿
　　　2. 从A到B
　　　3. 又……又……
　　　4. 各

第三十三课 ········· 21
会话　1. 征婚广告
　　　2. 孩子们都工作了
课文　她们是一对双生姐妹

语法　1. ……以上、……以下
　　　2. 程度补语(二)

第三十四课 ··· 30
　　会话　1. 去中国旅行
　　　　　2. 订飞机票
　　课文　你们应该少带东西
　　语法　1. "上"和"下"表时间
　　　　　2. 连……也/都……
　　　　　3. 另外
　　　　　4. 半

第三十五课 ··· 41
　　会话　1. 去吃涮羊肉
　　　　　2. 找汽车站
　　课文　天安门
　　语法　1. 朝、向
　　　　　2. 不然
　　　　　3. 趋向补语(二)

第三十六课 ··· 51
　　会话　1. 买火车票
　　　　　2. 谈计划
　　课文　一个星期工作四十小时
　　语法　1. 动量补语
　　　　　2. 好几

　　　　3. 左右
　　　　4. 等、什么的

第三十七课 ⋯⋯⋯⋯⋯⋯⋯⋯⋯⋯⋯⋯⋯⋯⋯⋯⋯⋯ 62
　　会话　1. 杭州很美
　　　　　2. 钱塘江
　　课文　西湖的传说 ⋯⋯⋯⋯⋯⋯⋯⋯⋯⋯⋯⋯⋯
　　语法　1. 却
　　　　　2. V＋到
　　　　　3. V＋成

第三十八课 ⋯⋯⋯⋯⋯⋯⋯⋯⋯⋯⋯⋯⋯⋯⋯⋯⋯⋯ 71
　　会话　1. 谈爱好
　　　　　2. 参观画展
　　课文　我喜欢中国文学
　　语法　1. 除了（二）
　　　　　2. 以前
　　　　　3. 一些
　　　　　4. 别的

第三十九课 ⋯⋯⋯⋯⋯⋯⋯⋯⋯⋯⋯⋯⋯⋯⋯⋯⋯⋯ 82
　　会话　1. 选课
　　　　　2. 谈考试
　　课文　记汉字
　　语法　1. 有的
　　　　　2. 可能补语（一）

3. 有关系

第四十课 ·················· 92
会话　1. 该走了
　　　2. 来得及
　　　3. 去美国
课文　写诗
语法　1. 一会儿
　　　2. 要……了,就要……了,快要……了
　　　3. 动作的时态小结

第四十一课 ·················· 105
会话　1. 采访王红
　　　2. 采访王海
课文　护士张云
语法　1. 可能补语(二)
　　　2. 意义上的被动句

第四十二课 ·················· 114
会话　1. 当厂长
　　　2. 考大学
课文　两个推销员
语法　1. V+遍+了
　　　2. 人家
　　　3. 本

第四十三课 ··· 125
  会话 1. 谈人口
      2. 小皇帝
  课文 中国人的饮食习惯
  语法 1. 虽然……但(是)……
      2. 既然
      3. 一切
      4. 并

第四十四课 ··· 135
  会话 1. 去香山看红叶
      2. 看京剧
  课文 父子对话
  语法 1. 趋向补语(三)
      2. 都

第四十五课 ··· 144
  会话 1. 买自行车
      2. 北京地铁
  课文 自行车在中国
  语法 1. 可能补语(三)
      2. 谁也不
      3. 只要……就……
      4. 如果……就……

第四十六课 ……………………………………………… 154
  会话　1. 哪儿也不去了
     2. 谈旅行
  课文　孔子游泰山
  记法　1. 哪儿也不
     2. "已经"和"刚"
     3. 不是……而是……

第四十七课 ……………………………………………… 164
  会话　1. 未名湖
     2. 参加校庆
  课文　北京大学
  语法　1. 可……了……
     2. 出来
     3. 近
     4. ……以来、……来

第四十八课 ……………………………………………… 176
  会话　1. 谈看电视
     2. 吃西餐
  课文　姑娘和老人
  语法　1. V来V去
     2. 一是……,二是……
     3. 临
     4. 比较句(五)不如

第四十九课 ································· 186
  会话 1. 性格不同
     2. 生命在于运动
  课文 长寿的秘密
  语法 1. 下去
     2. 起来
     3. 倒

第五十课 ··································· 195
  会话 1. 我就不喜欢话剧
     2. 少渴点儿咖啡
  课文 逛市场
  语法 1. 不会不
     2. 不但……而且……
     3. 补语小结
     4. 状语小结

第五十一课 ································· 209
  会话 1. 关心救灾事业
     2. 自己劳动挣学费
     3. 父女对话
  课文 不靠父母靠自己
  语法 1. "上"作补语
     2. A 是 A，B 是 B
     3. 多（么）……啊

第五十二课 ·············· 219
 会话 1. 她很能干
    2. 我喜欢她的性格
    3. 中国人非常热情
 课文 谈性格
 语法 1. 什么……＋都/也
    2. 疑问代词的非疑问用法
    3. 无论……都/也……

第五十三课 ·············· 230
 会话 1. 他父母离婚了
    2. 她和丈夫感情不好
 课文 找个老伴儿
 语法 1. 是…的(四)
    2. "才"和"就"
    3. 够……的
    4. 终于

第五十四课 ·············· 240
 会话 1. 写中文信
    2. 找谁推荐
 课文 一封推荐信
 语法 1. 数量词重叠
    2. "以为"和"认为"
    3. "或者"和"还是"

第五十五课 ························· 250
  会话 1. 怎么走最便宜
     2. 接待计划
     3. 问路
  课文 钱不够了
  语法 1. 既……又……
     2. 形容词＋多了
     3. 当然

第五十六课 ························· 259
  会话 1. 毕业以后干什么
     2. 节约用水
  课文 新市长的演说
  语法 1. 百分数、倍数
     2. 形容词＋得多
     3. 为……而……

第五十七课 ························· 268
  会话 1. 车祸
     2. 电视新闻
     3. 足球比赛
  课文 一字之差
  语法 1. "叫"和"让"
     2. 量词重叠
     3. 把 N_1 V 成 N_2

第五十八课 ································· 278
  会话　1. 在饭店请客
     2. 在家请客
     3. 喜欢吃什么
  课文　中餐和西餐
  语法　1. 省略句
     2. 不是 A 就是 B
     3. 不管……都/也……

第五十九课 ································· 290
  会话　1. 中国的改革
     2. 去中国工作
     3. 中国的人口
  课文　"留学生"这个词是怎么来的
  语法　1. 在……中
     2. 在……下
     3. 介词"在"小结
     4. 比较句(六)　用"没有"进行比较

第六十课 ·································· 301
  会话　中山陵
  课文　1. 一份菜单
     2. 第一次坐飞机
  语法　1. V＋时间词(三)
     2. 前后
     3. "多"的用法小结

4. 关联词用法小结

词语表　Vocabulary ·· 315

第三十一课 Lesson 31

生词 New Words and Expressions

1. 情况	qíngkuàng	（名）	situation	
2. 英文	yīngwén	（名）	English	
3. 中文	zhōngwén	（名）	Chinese	
4. 找(工作)	zhǎo(gōngzuò)	（动）	look for (a job)	
5. 驻	zhù	（动）	be stationed；	
6. 继续	jìxù	（动）	continue	
7. 上学	shàng xué		go to school	
8. 在…中	zài…zhōng		in the process of	
9. 地道	dìdao	（形）	idiomatic	
10. 普通话	pǔtōnghuà	（名）	standard Chinese	
11. 发音	fāyīn	（名）	pronunciation	
12. 标准	biāozhǔn	（形）	standard	
13. 东方	dōngfāng	（名）	the east	
14. 困难	kùnnan	（名）	difficulty	

15. 方法	fāngfǎ	（名）	method	
16. 语音	yǔyīn	（名）	pronunciation	
17. 拼音	pīnyīn	（名）	spelling	
18. 声调	shēngdiào	（名）	tone	
19. 语法	yǔfǎ	（名）	grammar	
20. 然后	ránhòu	（副）	afterwards	
21. 会话	huìhuà	（名）	conversation	
22. 汉字	hànzì	（名）	Chinese characters	
23. 流利	liúlì	（形）	fluent	
24. 词	cí	（名）	word	
25. 准确	zhǔnquè	（形）	exact	
26. 自然	zìrán	（形）	natural	
27. 努力	nǔlì	（形）	make great efforts	
28. 因为	yīnwéi	（连）	because	
29. 所以	suǒyǐ	（连）	therefore	

专名　　Proper Nouns

琳达　　　　Líndá　　　　*name of a person*

会话　　Dialogues

找工作

（琳达去一家公司找工作）

秘书：你好！请介绍一下儿你的情况。
琳达：好。我叫琳达，二十二岁。会英文也会中文，想在你们公司找一个工作。
秘书：你学过几年中文？
琳达：我从七岁就开始学中文了。
秘书：从七岁开始？
琳达：对，从七岁到九岁，我住在北京。那时候我爸爸在美国驻中国大使馆工作。
秘书：九岁以后呢？
琳达：我回美国了，没继续学中文。可是上了大学，我又开始学习中文。去年大学毕业，我来到了中国。
秘书：你想一边工作，一边继续学习吗？
琳达：是的。我要在工作中学习地道的普通话。
秘书：你的汉语说得不错，不过发音还不太标准。

欢迎你来我们这儿工作。
琳达:太好了,谢谢你。

课文　　Text

我要到中国去

　　我是一个美国学生,我从小就听说东方有一个大国——中国。我想长大了一定去那儿读书,和那儿的人交朋友。从中学开始,我就学汉语了。汉语跟英语很不一样,开始学习的时候困难很多。我的方法是先听说后读写。我先学语音,练习拼音和声调,再学语法,记生词和句子,然后练习会话,最后学写汉字,这样就容易多了。现在我是大学三年级的学生,我的中国话还不太流利,有些字词的声调还不太准确自然,我要继续努力学习。因为我对中国感兴趣,所以我要到中国去。

注释　　Notes

　　"在工作中学习地道的普通话","在……中"表示范围,也可以说"在学习中""在生活中"。

"在…中"denotes scope and it is also correct to say"在学习中"or"在生活中".

语法　　Grammar

一、从(二)

"从+时间词"放在动词前,表示行为动作开始的时间。例如:

When placed before the verb,"从+time words"indicates when an action begins. E. g.

(1)我从中学开始对画画儿感兴趣。

(2)他从七岁开始学中文。

"从"后的时间词可以是例(1)(2)中的具体时间词,也可以是抽象的,例如"从小就听说"。

Time words after"后"can be exact time expressions like those in Example 1 and 2,and it can also be abstract time words such as"从小就听说".

二、"这儿"和"那儿"

"这儿"(here)是近指,可以说成"这里";"那儿"(there)是远指,可以说成"那里"。"这儿"和"那儿"在句子里都可以直接作主语或宾语。例如:

"这儿"means here,the same as"这里"。"那儿"means there, the same as"那里"。Both"这儿"and"那儿"can be the subject or the object in a sentence. E. g.

(1)这儿有一本书。⎫
(2)那儿有一座桥。⎬ 作主语 As the subject
(3)上海离这儿很远。⎫
(4)我要去那儿。⎬ 作宾语 As the object

"这儿"和"那儿"的前面常有一个指人的名词、代词或指处所的名词,使所指的处所更加明确。例如:

Before "这儿" and "那儿", there is usually a noun or a pronoun referring to persons, or a noun referring to an implied place so that the implication becomes clearer. E. g.

(5)我要来你们这儿工作。
(6)图书馆那儿有很多人。

三、先……再……然后……最后……

表示时间和动作的先后次序。例如:

They indicate the sequence in time or the sequence of actions. E. g.

(1)我们先学语音,再学语法,然后练习会话,最后学写汉字。
(2)他们先去北京,再去西安,然后到上海,最后去广州。

四、对

"对"既是动词又是介词,介词"对"的功能是引出动作的对象。

句型：

"对" can be a verb and a preposition. The function of the preposition "对" is to introduce the receiver of an action. Sentence patterns：

对	代词/名词	动词	形容词
（他）对	我		很好。
（我）对	中国	感兴趣。	

五、因为……所以……

"因为"和"所以"都是连词,连用时表示原因和结果。例如：

"因为"and"所以"are all conjunctions. They suggest a cause/effect relationship when used together. E. g.

(1)因为我对中国感兴趣,所以我要到中国去。

使用时常常省去其中的一个。例如：

Sometimes, one of them can be omitted. E. g.

(2)因为天气太热,我们不去旅行了。

(3)我的自行车坏了,所以只好走着去。

练习　Exercises

一、用所给的词完成句子：

Complete the following sentences with the given words：

1. 他从小＿＿＿＿＿＿＿＿＿＿＿＿。（喜欢）
2. 从春节到现在，＿＿＿＿＿＿＿＿。（休息）
3. 我从大学毕业＿＿＿＿＿＿＿＿。（工作）
4. 从去年冬天到今年春天＿＿＿＿。（下雪）
5. 从我来到这里以后，＿＿＿＿＿。（满意）
6. 从退休以后，＿＿＿＿＿＿＿＿＿。（呆）
7. 从你走了以后，＿＿＿＿＿＿＿＿。（想）
8. 我从明天开始＿＿＿＿＿＿＿＿。（抽烟）

二、用"这儿""那儿"填空：

Fill in the blanks with "这儿""那儿"

1. 你什么时候去他＿＿＿＿＿？
2. ＿＿＿＿＿的人都不穿鞋，很奇怪。
3. 去年我去上海，＿＿＿＿＿常下雨。
4. ＿＿＿＿＿是城市，不是农村。
5. 从前，我们＿＿＿＿＿没火车。
6. 你到＿＿＿＿＿多久了？
7. ＿＿＿＿＿的条件没你们＿＿＿＿＿好。
8. 你到＿＿＿＿＿以后，常给我写信。

三、在"对"的后面填上适当的词语：

Fill in the blanks with the appropriate words：

1. 他对＿＿＿＿＿很不习惯。
2. 他对＿＿＿＿＿很喜欢。
3. 我对＿＿＿＿＿很努力。
4. 你对＿＿＿＿＿有兴趣吗？
5. 主人对＿＿＿＿＿很不客气。
6. 他们对＿＿＿＿＿很热情。
7. 他对＿＿＿＿＿不太满意。
8. 我对＿＿＿＿＿还不了解。

四、用"因为……所以……"连句：
Make sentences with "因为…所以…"：

1. 发音标准　　　　普通话很地道
2. 流利自然　　　　像中国人一样
3. 方法好　　　　　学习得很快
4. 对中国感兴趣　　到中国去
5. 去过中国　　　　有很多中国朋友
6. 在驻中国大使馆　小时候住在中国
   工作
7. 喝酒喝多了　　　头疼
8. 肺有毛病　　　　戒烟

五、用"在……中"替换：
Substitution drills：

1. 工作　　继续学习
2. 生活　　了解人
3. 学习　　认识世界
4. 课文　　有很多没有学过的汉字
5. 旅行　　认识了几位新朋友
6. 会话　　练习词和语法

六、用"先……再……然后……最后……"表示下列动作的次序：

Put the following words into sentences by using "先…再…然后…最后…"

1. 洗澡　　吃中饭　　上学校　　回家
2. 念生词　背诵课文　讲语法　　作练习
3. 买邮票　写信　　　寄信　　　写信封
4. 上车　　等车　　　找座位　　买票
5. 订房间　买机票　　办手续　　出发
6. 取钱　　换钱　　　书店　　　食堂

七、完成下面的句子，介绍一下儿你自己：

Complete the following sentences to introduce yourself：

1. 我叫_____，今年_____岁，我是_____人。
2. 我会_____文和_____文。
3. 我从_____大学毕业。

4. 我对_____感兴趣,还爱好_____。
5. 我已经有_____朋友了,但是还____。
6. 我希望在_____找一个工作。

第三十二课　　Lesson 32

生词　New Words and Expressions

1. 上课　　shàng kè　　　　　　　　go to class
2. 有(一)点儿　yǒu(yī)diǎnr　（副）　a little
3. 感冒　　gǎnmào　　　（动、名）catch cold
4. 长途　　chángtú　　　（名）　long distance
5. 老　　　lǎo　　　　　（副）　always
6. 通　　　tōng　　　　　（动）　go through
7. 半夜　　bànyè　　　　（名）　midnight
8. 要　　　yào　　　　　（动）　be going to
9. 提前　　tíqián　　　　（动）　ahead of time
10. 回去　　huíqù　　　　　　　　go back
11. 过去　　guòqù　　　　（名）　the past
12. 东部　　dōngbù　　　（名）　the East
13. 西　　　xī　　　　　　（名）　west

14.	岸	àn	（名）	coast
15.	进行	jìnxíng	（动）	carry on
16.	一般	yībān	（形）	in general
17.	著名	zhùmíng	（形）	famous
18.	欣赏	xīnshǎng	（动）	appreciate
19.	各	gè	（代）	each
20.	美丽	měilì	（形）	beautiful
21.	实现	shíxiàn	（动）	realize
22.	理想	lǐxiǎng	（名）	ideal
23.	存	cún	（动）	deposit (money)
24.	笔	bǐ	（名）	*measure word*
25.	经过	jīngguò	（动）	pass
26.	大陆	dàlù	（名）	mainland
27.	左右	zuǒyòu	（副）	about
28.	省	shěng	（动）	save
29.	办法	bànfǎ	（名）	way

专名　　Proper Nouns

1.	史密斯	Shǐmìsī	Smith
2.	华盛顿	Huáshèngdùn	Washington
3.	洛杉矶	Luòshānjī	Los Angeles
4.	伦敦	Lúndūn	London

5. 欧洲　　　　Ōuzhōu　　　　Europe

会话　　Dialogues

琳达要回国了

（在教室）

老师：琳达怎么没来上课？
学生：她有（一）点儿头疼。
老师：是不是感冒了？
学生：不，她昨天晚上睡得太晚了。
老师：为什么不早一点儿睡？
学生：她给妈妈打长途电话老打不通，半夜两点才打通。

史：你听说了吗？琳达要回国了。
王：学校还没放假，她为什么提前回国？
史：她妈妈身体不太好，她要回去看看。
王：她们家住在纽约吧？
史：过去住在纽约，现在住华盛顿。
王：她在华盛顿上大学吗？

史：不，她在洛杉矶上大学。
王：从华盛顿到洛杉矶有多远？
史：一个在东部，一个在西海岸，坐飞机要四个多小时。

课文　Text

坐火车去中国

史密斯先生在伦敦的一家图书馆工作。他从小就对中国感兴趣，爱看中国电影，爱听中国音乐，更爱吃中国菜。几年前他开始学习中文，现在已经能用汉语进行一般的会话，还认识两千多个汉字。他早就想到中国去旅行，游览一下儿世界著名的万里长城，欣赏各地的美丽风景，看看中国人的生活，吃吃地道的中国菜。为了实现去中国的理想，他存了一笔钱。最近，他决定坐火车经过欧洲大陆去北京，路上得走两个星期左右，又累又不舒服，可是这是去中国最省钱的办法。

语法　　Grammar

一、有(一)点儿

"有(一)点儿"常用在动词或动词性词组前边作状语,表示程度轻。"一"可以省略。例如:

"有(一)点儿" is often used as an adverbial before a verb or a verbal phrase, denoting a moderate degree. "一" can be omitted. E.g.

(1)他们俩有(一)点儿像。

(2)我有(一)点儿想家。

"有(一)点儿"用在形容词前,常有不满意、不如意的意思。例如:

When "有(一)点儿" is used before an adjective, it indicates an unpleasant or a discontent feeling. E.g.

(3)我有(一)点儿累。

(4)这件事有(一)点儿麻烦。

(5)她今天有(一)点儿不高兴。

二、从 A 到 B

from A to B

1. A 和 B 为时间词。例如:

A and B are time words. E.g.

(1)从上午八点到中午十二点我们都在图书馆

学习。

(2)学校从七月中到八月底放假。

2. A 和 B 为地点词,例如:

A and B are words denoting places. E. g.

(3)从华盛顿到纽约有多远?

(4)从上海到北京坐火车要十七个小时。

三、又……又……

表示两种行为、状态或情况同时存在,有以下几种情况:

The followings can be used to show that two actions, two conditions or circumstances exist at the same time.

1. 又+形容词　　又+adjective

又高又大

又甜又酸

2. 又+动词　　又+verb

又说又笑

又吃又喝

3. 又+词组　　又+phrase

又刮风又下雨

又学日文又学中文

四、各

"各"是代词,意思是"每个",有两种用法:

"各"is a pronoun, meaning"每个". It has two usages:

1. 各+名词　常用的有：

　　各+noun commonly used as follows：

　　各人　　各国　　各家　　各工厂
　　各系　　各地　　各学校　各办公室

2. 各+动词　例如：

　　各+verb. E. g.

(1)大家各有各的爱好。

(2)咖啡和茶各喝了一杯。

练习　　Exercises

一、根据条件举例：

Complete the following expressions according to the given examples：

(一)又高又大　又吃又喝　又刮风又下雨
　　又__又__　又__又__　又____又____
　　又__又__　又__又__　又____又____
　　又__又__　又__又__　又____又____

(二)有一点儿难看　　　有一点儿不舒服
　　有一点儿____　　　有一点儿_____
　　有一点儿____　　　有一点儿_____

有一点儿____　　　　有一点儿_____

有一点儿帮助

有一点儿____

有一点儿____

有一点儿____

二、根据句中的意思填上适当的词：

Fill in the blanks with the appropriate words：

1. 从____到____已经一个多月了。
2. 从____到____没有飞机。
3. 他从____到____没有休息。
4. 我买了一张从____到____的火车票。
5. 从____到____都没下雨。
6. 从____到____要经过天津。
7. 从____到____骑自行车要一个小时。
8. 从____到____不太远。

三、选词填空：

Select the correct words to fill in the blanks：

　　长途　　麻烦　　著名　　舒服
　　需要　　经过　　决定　　提前

1. 从北京到我国首都坐飞机____十四个小时。
2. 他____下个月去洛杉矶。

3. 这件事给你添____了。
4. 他想坐____汽车去。
5. 开学的时间____了。
6. 昨天他有点儿不____。
7. 他是一位____的医生。
8. ____上海时，他想呆几天。

四、用"各 N"或"各 V"改写：

Rewrite the following sentences by using "各 N" or "各 V" structure：

1. 每个系有每一个系的办公室。
2. 每个地方都有传统的习惯。
3. 每个人都有自己的学习方法。
4. 两个学校都有一位著名的教授参加。
5. 五家报社都来了两个记者。

五、用下列词语介绍你是怎样来中国的：

Talk about how you came to China with the following words and expressions：

对……感兴趣　爱吃　爱看　开始学习中文
认识汉字　用汉语进行会话　早就想　游览
看看　坐　经过　路上　左右　又……又……
我觉得

第三十三课　　Lesson 33

生词　New Words and Expressions

1. 征婚　　zhēnghūn　　　　　　　advertise for a wife or a husband
2. 广告　　guǎnggào　　（名）　advertisement
3. 未婚　　wèihūn　　　　　　　　unmarried
4. 健康　　jiànkāng　　（形）　healthy
5. 英语　　yīngyǔ　　　（名）　English
6. 专业　　zhuānyè　　　（名）　specialty, subject
7. 翻译　　fānyì　　　　（动、名）translate/translator
8. 嘛　　　ma　　　　　　（助）　a modal particle
9. 对象　　duìxiàng　　　（名）　boy or girl friend
10. 以下　　yǐxià　　　　 （名）　below
11. 以上　　yǐshàng　　　 （名）　above
12. 活泼　　huópo　　　　 （形）　lively

21

13. 高中	gāozhōng	（名）	senior middle school	
14. 们	men	（尾）	*a suffix indicating plural*	
15. 开(车)	kāi(chē)	（动）	drive(a car)	
16. 售货员	shòuhuòyuán	（名）	shop assistant	
17. 肉	ròu	（名）	meat	
18. 教	jiāo	（动）	teach	
19. 水果	shuǐguǒ	（名）	fruit	
20. 蔬菜	shūcài	（名）	vegetable	
21. 可爱	kě'ài	（形）	lovely	
22. 性格	xìnggé	（名）	personality	
23. 完全	wánquán	（形）	totally	
24. 别人	biérén	（代）	other people	
25. 对	duì	（量）	*measure word*	
26. 幸福	xìngfú	（形）	happiness	
27. 双生	shuāngshēng	（名）	twins	

会话　Dialogues

征婚广告

（在阅览室　in the reading room）

王兰：李丽，你在看什么？

李丽：看"征婚广告"。

王兰："征婚广告"？有意思，让我看看。

李丽：你看这儿，"男，三十岁，身高一米七一，未婚，身体健康。大学英语专业毕业，做翻译工作。城里有房子。"

王兰：条件很不错嘛，要找什么样的对象？

李丽：要找二十五岁以下，身高一米六二以上，未婚，身体健康，漂亮、活泼，高中毕业以上的女青年。

王兰：你的条件很合适，去试试吧！

孩子们都工作了

（在公园，两位老人坐在长椅上谈话　Tow old men are

talking with each other in the park)

老王：老张，好久不见了，家里都好吗？
老张：都好。孩子们都工作了。我也退休了。
老王：四个孩子都工作了？
老张：是的。老大是公共汽车司机。老二当售货员，卖鱼卖肉。老三在小学教书。老四是个体户，卖水果、蔬菜。
老王：那一定是老四最有钱了？
老张：你说对了。

课文　Text

她们是一对双生姐妹

王老师有两个女儿，大的六岁，小的也六岁。姐妹俩长得很像，都是大眼睛，都那么可爱。可是她们的性格完全不一样。姐姐干什么事都慢，说话说得慢，走路走得慢，吃饭也吃得慢。妹妹呢，干什么事都快，吃饭吃得快，写字写得快，跟小朋友一起唱歌也比别人唱得快。姐妹俩性格不一样，可是在一起玩得很好,她们知道,别人家的孩子没有哥哥、姐姐,也没有弟弟、妹妹,她们俩是一对幸福的双生姐妹。

注释 Notes

1. "老大是司机",英语是"The eldest child is a driver"。还可以说"老二""老三"等。

"老大是司机",means that the oldest child is a driver. We can also say"老二,""老三,"etc.

2. "条件很不错嘛","嘛"是一个语气词,表示道理显而易见。

"条件很不错嘛""嘛"is a modal particle, indicating an obvious reason.

语法　　Grammar

一、……以上　……以下

"以上""以下"常出现在数量词的后边,表示一定的界线。例如:

"以上""以下"often appear after numeral-measure words to denote certain limits. E. g.

　　　　三十岁以上　　　六十岁以下
　　　　十五米以上　　　一米六五以下
　　　　十年以上　　　　八个月以下

二、程度补语（二）

The complement of degree（Ⅱ）

如果动词带了宾语就不能再带程度补语,如果宾语和程度补语在句中同时出现,就必须重复动词。

A verb followed by an object can not take another complement of degree. If an object and a complement of degree appear together in one sentence, the verb should be repeated.

S	V	O	V	得	补语
他	吃	饭	吃	得	很快。
妹妹	看	书	看	得	很多。
她	写	汉字	写	得	怎么样？

练习　Exercises

一、用"以上""以下"填空：

Fill in the blanks with "以上" or "以下"：

1. 坐公共汽车，一米____的儿童要买票。（儿童 értóng children）
2. 那家电影院不让七岁____的儿童进去。
3. 六岁____的孩子才能上小学。
4. 中国百分之八十____的人是农民。

5. 在中国,男人二十二岁____不能结婚。
6. 能跳过两米____的人不多。
7. 学完这个专业,得用四年____的时间。
8. 坐飞机的人带的东西最多只能在二十公斤____。

二、填上适当的程度补语:

Fill in the blanks with the appropriate complements of degree:

1. 他开车开得_____。
2. 他修表修得_____。
3. 她画画儿画得_____。
4. 他喝酒喝得_____。
5. 他骑马骑得_____。
6. 他抽烟抽得_____。
7. 他擦镜子擦得_____。
8. 他打球打得_____。

三、用"正""一般""完全"填空:

Fill in the blanks with "正"、"一般"or"完全":

1. 我去他家时,他____看电视。
2. 她和她母亲长得____一样。
3. 我____不喝酒。

4. 天气不冷不热，____是旅行的好机会。
5. 他刚来中国，____不懂中国话。
6. 他出发时，外面____下雨呢。
7. 我能用汉语进行____的会话。
8. 你来得____是时候，我____要找你。
9. 你们两个说得____不一样。
10. 他旅行____不坐飞机。

四、选词填空：

Select the correct words to fill in the blanks：

把 包 滴 对 个 句 块 辆 套 条 座 张

1. 他们是一____幸福的夫妻。
2. 一____自行车有两____钥匙。
3. 他写的信只有几____话。
4. 一____人能不能学习两____专业？
5. 每____大桥都非常漂亮。
6. 他不会喝酒，一____酒也不能喝。
7. 这____邮票一共几____？
8. 请朋友吃饭得买一____鱼。
9. 家里寄来几____咖啡。
10. 我丢了一____表。

五、填空：

Fill in the blanks：

我们家一共有_____口人。爸爸妈妈有____个孩子。大的____岁,是____的,小的____岁,是____的,我是老____。我们几个长得____,都很____。我们的性格_____。我们生活得_____。

六、改成带程度补语的句子：

Rewrite the sentences by using the complement of degree

例 { 他学习汉语。
     他努力学习。 ⇒ 他学汉语学得很努力。

1. 妈妈做饭。   饭很好吃。
2. 我们爬长城。 我们很累。
3. 他说普通话。 他的普通话很标准。
4. 老师写汉字。 老师的汉字很漂亮。

第三十四课　　Lesson 34

生词　　New Words and Expressions

1. 名胜　　míngshèng　　（名）　scenic spots
2. 古迹　　gǔjì　　（名）　historical sites
3. 游　　yóu　　（动）　travel
4. 有名　　yǒumíng　　（形）　well-known；famous
5. 醋　　cù　　（名）　vinegar
6. 工业　　gōngyè　　（名）　industry
7. 发达　　fādá　　（形）　developed
8. 商业　　shāngyè　　（名）　commerce
9. 繁荣　　fánróng　　（形）　prosperous
10. 小吃　　xiǎochī　　（名）　snack
11. 完成　　wánchéng　　（动）　accomplish
12. 计划　　jìhuà　　（动、名）plan
13. 旅行社　　lǚxíngshè　　（名）　travel agency

14. 连…都(也)	lián…dōu(yě)		even
15. 内	nèi	(名)	inner; internal
16. 牙刷	yáshuā	(名)	toothbrush
17. 牙膏	yágāo	(名)	toothpaste
18. 肥皂	féizào	(名)	soap
19. 毛巾	máojīn	(名)	towel
20. 浴巾	yùjīn	(名)	bath towel
21. 洗发水	xǐfàshuǐ	(名)	shampoo
22. 梳子	shūzi	(名)	comb
23. 卫生纸	wèishēngzhǐ	(名)	toilet paper
24. 装	zhuāng	(动)	pack
25. 箱子	xiāngzi	(名)	suitcase
26. 另外	lìngwài	(形)	besides
27. 卷	juǎn	(量)	*measure word*
28. 胶卷	jiāojuǎn	(名)	roll film
29. 行李	xíngli	(名)	luggage
30. 差点儿	chàdiǎnr	(副)	almost; nearly
31. 超	chāo	(动)	over
32. 重	zhòng	(形)	weight

专名　　Proper Nouns

1. 彼得	Bǐdé	Peter

2. 故宫　　　　Gùgōng　　　　Palace Museum
3. 天坛　　　　Tiāntán　　　　the Temple of Heaven
4. 西湖　　　　Xīhú　　　　　the West Lake (in Hangzhou)
5. 西湖醋鱼　　Xīhú Cùyú　　　West Lake sour fish
6. 中国民航　　Zhōngguó Mínháng　　China Aviation Airline Company

会话　Dialogues

去中国旅行

（在美国　in America）

丽莎：琳达，我和父母打算下个月去中国旅游，你说去什么地方好呢？

琳达：你们打算去多长时间？

丽莎：大概半个月，然后去日本。

琳达：你们可以先到北京，住三四天，参观一下故宫、天坛，爬爬长城。

丽莎：然后坐飞机去西安好不好？

琳达：好，西安有很多名胜古迹，非常有意思。

丽莎：还有差不多一个星期，我们再去哪儿看看？

琳达：最好去杭州，游西湖，吃有名的西湖醋鱼。

丽莎：最后去上海？

琳达：对。从杭州坐火车到上海，那里工业发达，商业繁荣，买东西很方便。

丽莎：我听说上海的小吃也很有名。

琳达：要完成这个旅游计划，两个星期的时间太少了。

订飞机票

（在美国　　in America）

琳达：彼得，我要去中国旅行，你能告诉我去哪儿订机票吗？

彼得：我想你应该去中国民航订票。

琳达：去旅行社订可以吗？我听说中国民航的票比较贵。

彼得：可能比旅行社的票贵一点儿。但是在那儿连在中国国内旅行的机票都能一起订。

琳达：这很方便，我要去试试。

课文　Text

你们应该少带东西

琳达的父母去中国旅行以前,她告诉母亲:"你们应该少带东西。"可是母亲一定要把牙刷、牙膏、肥皂、毛巾、浴巾、洗发水、梳子等等全带上,连卫生纸也装进了箱子。另外还带了20卷胶卷,装了满满两大箱,行李差点儿就超重了。

一个月以后,他们从中国回来了。见到琳达,母亲的第一句话就是:"我们没听你的话,东西带得太多了。"

注释　Notes

1. "肥皂、毛巾、梳子等等全带上","等等"用来表示省略不说的部分。

"等等"in the sentence"肥皂、毛巾、梳子等等全带上"refers to the omitted part.

2. "装了满满两大箱",可以说成"装了满满的两大箱","满满"是形容词"满"的重叠式,作"两大箱"的定语。

"装了满满两大箱"is the same as"装了满满的两大箱"。"满满"is the reduplication of "满,"used as the attributive of"两大

箱".

语法　　Grammar

一、"上"和"下"表时间

"上"and"下"denote time.

汉语中的"上"(last)"下"(next)可以用来表示时间。但与英语不是一一对应的。比较：

In Chinese"上"(last)and "下"(next)can be used to express time. However, it is not always the same as "last"and "next"in English. Compare the followings：

上星期　last week　　下星期　next week
上个月　last month　　下个月　next month
去年　　last year　　　明年　　next year

二、连……也/都……

"连……也/都……"用来表示强调，被强调的成分放在"连"的后面。具体用法有：

"连…也/都…"is used to lay emphasis. The part being emphasized is placed after"连".

1. 连＋名词/代词　　连＋noun/pronoun

(1)连小孩都知道这件事。

(2)连他也不认识这个字。

2. 连+动词　　连+verb

动词需要重复,被重复的动词限于否定式。例如:

The verb should be repeated, and the repeated verb only applies to the negative form. E.g.

(3)他连说都没说就走了。

(4)那个电影我连看也没看过。

3. 连+数量词　　连+numeral-measure word

数词限于"一",谓语也限于否定式。例如:

Only the number "一" is used, and the predicate only applies to the negative form. E.g.

(5)图书馆里连一个人也没有。

(6)杭州我连一次也没去过。

三、另外

"另外"有好几个用法,本课中的"另外"译成英语是 besides. 在句中"另外"的后边常用"还/也"。例如:

"另外" can be used in several ways. "另外" in this lesson is translated as "besides" in English. In a sentence "另外" is often followed by "还/也". E.g.

(1)我们去了上海,另外还参观了西安。

(2)他喜欢音乐,另外也爱好游泳。

四、半

"半"有以下用法:

"半" can be used as follows:

1. 半＋量词　半＋measure word

　　半岁　　半小时　半分钟

2. 半＋量词＋名词　半＋measure word＋noun

　　半个月　半斤橘子　半根火柴

3. 数词＋量词＋半＋名词　numeral＋measure word＋半＋noun

　　三个半星期　一个半小时

注意：不能说"三个星期半""一个小时半"。

Caution：It is wrong to say"三个星期半""一个小时半".

练习　　Exercises

一、选择适当的时间词填空：

Select the correct time words to fill in the blanks：

上星期　下星期　上个月　下个月　去年　明年

1. 他_____去加拿大。
2. _____他刚从美国回来。
3. 听说_____我们考试。
4. 我准备_____秋天回国。
5. 他_____从北京大学毕业，今年才找到工作。
6. _____他买了许多书，花了不少钱。

7. 他的父亲_____来看他。

8. 他想_____去广州，可是买不到飞机票。

二、完成句子：

Complete the following sentences：

1. 他连咖啡也没_____。

2. 连老师也不_____。

3. 连电话也没_____。

4. 连再见也_____。

5. 我连想都没_____。

6. 他连眼镜都_____。

7. 那个地方我连一次都没_____。

8. 连小孩子都_____。

9. 连聪明人也_____。

10. 他连看也没_____。

三、用"大概""然后""另外""等"填空：

Fill in the blanks with "大概"、"然后"、"另外"、"等等"：

1. 我们走吧,他____不会来了。

2. 你最好先给他打个电话,____再去。

3. 要是你忙,我们____找时间。

4. 北京有很多名胜古迹,比如天坛、故宫、长城

_____。

5. 他星期天进城买东西，____还看一位朋友。
6. 这____是他最后一次来中国。
7. 他买了很多东西，西服、运动衣、毛衣____，____还买了一些食品。
8. 起床以后第一件事是洗澡，____去吃早饭。

四、在适当的位置填上"半"：

Put "半" in the correct place：

1. 这个孩子只有____岁____，不会说话。
2. 路上需要一个____小时____。
3. 做一套西服得用两____米____。
4. 他在北京只呆____个____月。
5. 离回国还有一个____星期____。
6. 我还得住____年____。

五、选词填空：

Select the correct words to fill in the blanks：

差不多　差一点儿

1. 他长得跟爸爸_____。
2. 姐妹俩_____一样高。
3. 弟弟_____不到一米八〇。
4. 妈妈的行李_____超过二十公斤。

5. 两年不见,我_____不认识他了。
6. 等我一会,我还_____就做完了。

六、说话:
Conversation practice:

1. 你有什么旅行计划
   先   然后 再   再后   游
   吃   爬   坐   完成   差不多

2. 你的行李
   装   箱子 带   东西   重
   连……也……   另外

第三十五课　　Lesson 35

生词　New Words and Expressions

1. 饭店　　　fàndiàn　　　（名）　　hotel
2. 正好　　　zhènghǎo　　（副）　　just right
3. 算　　　　suàn　　　　（动）　　include; count
4. 路　　　　lù　　　　　（量）　　*measure word*
5. 向　　　　xiàng　　　　（介）　　towards
6. 朝　　　　cháo　　　　（介）　　towards
7. 右　　　　yòu　　　　　（名）　　right
8. 拐　　　　guǎi　　　　（动）　　turn
9. 东　　　　dōng　　　　（名）　　east
10. 南边　　　nánbian　　　（名）　　south(side)
11. 北边　　　běibian　　　（名）　　north(side)
12. 出租汽车　chūzū qìchē　　　　　　taxi
13. 不然　　　bùrán　　　　（连）　　otherwise
14. 中心　　　zhōngxīn　　（名）　　centre

15.	南面	nánmiàn	（名）	south
16.	广场	guǎngchǎng	（名）	square
17.	北面	běimiàn	（名）	north
18.	庙	miào	（名）	temple
19.	并且	bìngqiě	（连）	and; besides
20.	立	lì	（动）	erect
21.	纪念	jìniàn	（动）	commemorate
22.	碑	bēi	（名）	stone tablet
23.	博物馆	bówùguǎn	（名）	museum
24.	修建	xiūjiàn	（动）	build

专名　　Proper Nouns

1.	东来顺	Dōngláishùn	*name of a restaurant*
2.	王府井	Wángfǔjǐng	*name of a street*
3.	新华书店	Xīnhuá Shūdiàn	*name of a bookstore*
4.	北京饭店	Běijīng Fàndiàn	Beijing Hotel
5.	天安门	Tiān'ānmén	The Gate of Heavenly Peace
6.	中山公园	Zhōngshān Gōngyuán	Zhongshan Park

7. 劳动人民文化宫	Láodòng Rénmín Wénhuàgōng	The Workers' Cultural Palace
8. 人民大会堂	Rénmín Dàhuìtáng	The Great Hall of the People
9. 涮羊肉	Shuànyángròu	instant-boiled mutton
10. 明代	Míngdài	the Ming Dynasty
11. 清代	Qīngdài	the Qing Dynasty
12. 孙中山	Sūn Zhōngshān	Sun Yatsen

会话　　Dialogues

去吃涮羊肉

李东：彼得，我们打算去吃涮羊肉，你去吗？

彼得：去哪儿吃？

李东：去"东来顺"饭店。

彼得：一共几个人？

李东：现在有七个了，加上你正好八个。

彼得：好，也算我一个。你们是坐公共汽车去吗？

李东：不，我们都骑车去。你怎么去？

彼得：我想坐车去，可是我不知道在哪儿下车。

李东：你坐1路汽车到王府井站下车。下车以后向北走，在马路右边你会看见一个大的新华书店，从那儿再朝右拐，就看见"东来顺"了。

彼得：我知道了，咱们饭店见！

找汽车站

（晚上，在街上 at night, in the street）

A：请问，1路汽车站在哪儿？

B：顺着这条路向东走就看见了。

A：去北京饭店是在路南边上车还是在路北边上车？

B：在路南边。不过，现在已经十一点半了，没车了。

A：小公共汽车还有吗？

B：也没有了。

A：出租汽车呢？

B：你试试看，可以一边往前走，一边找车，也许能找到。

A：谢谢。我真希望能找到，不然我只好走回去了。

课文　Text

天安门

　　天安门在北京的中心。它的南面是天安门广场,这个广场很大,可以站立一百万人。天安门的北面是故宫,从明代到清代,中国的二十六位皇帝都住在故宫里。

　　天安门的西边是中山公园,过去那里是皇帝家的一座庙,后来成了一个公园,并且用了孙中山先生的名字。天安门的东边过去也是皇帝家的一座庙,现在是劳动人民文化宫。

　　天安门广场的中间立着一块大纪念碑,广场的东边是一座很大的博物馆,博物馆的对面是人民大会堂。这两座建筑都是一九五九年修建的。

注释　Notes

"小公共汽车还有吗?"小公共汽车有十几个座位,招手就停,车费比一般公共汽车贵一些。

Mini bus, which has more than ten seats, travels faster, but its fare is usually more expensive than that of the city bus.

语法　　Grammar

一、朝、向

跟"往"一样,"朝、向"也是表示动作方向的介词,它们都可以在下面的格式里出现:

Like "往," "朝" and "向" are also prepositions denoting the direction of an action. All of them may appear in the following patterns.

1. 朝/向/往＋东/南/西/北＋V

　　朝东走　　Walking towards the east

2. 朝/向/往＋前/后/左/右＋V

　　向后看　　Looking backward

3. 朝/向/往＋表示方位的名词＋V

　　朝/向/往＋Noun denoting position＋V

　　往图书馆开　　driving to the library

所不同的是,"往"和"向"还可以在动词后出现。例如:

The difference is that "往" and "向" can also appear after the verb. E. g.

（1）飞往上海

（2）走向远方

而"朝"不能这样用。

However, "朝" cannot be used in the same way.

二、不然

"不然"是一个连词,意思是"不这样的话"。例如:
"不然"is a conjunction, meaning "otherwise". E. g.

(1)我想最好去中国旅行,不然就去日本。

(2)你应该先办手续,不然非有麻烦不可。

三、趋向补语(二)

The directional complement (Ⅱ)

动词"上、下、进、出"等后边加上"来/去"以后,也可以放在动词后面补充说明动作的方向,叫作复合趋向补语。见表:

Verbs such as "上、下、进、出" followed by "来/去", can be placed after the verb to further explain the direction of an action. They are called directional complements. See the following chart:

	上	下	进	出	回	过	起
来	(走)上来	下来	进来	出来	回来	过来	起来
去	(走)上去	下去	进去	出去	回去	过去	—

和简单趋向补语"来/去"一样,用"～来"还是"～去",也跟说话人的位置有关。例如:

Like simple directional complements "来/去," whether to use "～来" or "～去" depends on where the speaker is. E. g.

(1)他走进来了。　　(说话人在教室里)

(2)他走进去了。　　(说话人在教室外)

练 习 Exercises

一、用"向""朝""往"填空：

Fill in the blanks with "向""朝""往"：

1. 门____东开着。
2. 飞机飞____纽约。
3. 这些东西准备寄____国外。
4. 我们应该____外国学习新的技术。
5. ____南走，再____左拐就是广场。
6. 你____北面看，那儿有一座纪念碑。

二、在下列句子中的横线上填上趋向补语：

Fill in the blanks with the directional complements：

1. 他从楼上走____了。
2. 出租汽车开____了。
3. 飞机落____了。
4. 他从游泳池里爬____了。
5. 他进去以后，再也没____。
6. 你快过____看，这是什么东西？
7. 他从飞机上下____了。
8. 等他回____以后，我们一起吃饭。

9. 这些东西我不要，你还是拿____吧！

10. 晚上没有公共汽车，他只好走____。

三、用下列词填空：
Select the correct words to fill in the blanks：

正好　　也许　　不然　　并且

1. 你去找老王，他____有办法。
2. 你买的这套西服大小____。
3. 你应该答应他，____他会不高兴的。
4. 他俩是前年结婚的，____有了一个孩子。
5. 你要是喜欢看，我这里____有两张票。
6. 他明天____来，____不来。
7. 这些花中国也有，____有好几种颜色。
8. 他一定有事，____为什么还不来？

四、完成对话：
Complete the dialogues：

1. A：过去你来过天安门吗？
   B：_____。

2. A：这里过去的情况你了解吗？
   B：_____。

3. A：这里的桥坏了，汽车不能过去。
   B：_____。

4. $\begin{cases} A: 他们家过去生活很困难,现在怎么样了? \\ B: \underline{\qquad\qquad\qquad\qquad}。 \end{cases}$

五、介绍一个你熟悉的地方:

Talk about a place you know well by using the following words:

中心　南面　北面　西边　东边　过去
后来　现在　中间　对面　著名　修建

第三十六课　　Lesson 36

生词　　New Words and Expressions

1. 趟	tàng	（量）	*measure word*
2. 特快	tèkuài	（形）	express
3. 大家	dàjiā	（名）	all
4. 车次	chēcì	（名）	train number
5. 卧铺	wòpù	（名）	sleeping car
6. 硬	yìng	（形）	hard
7. 软	ruǎn	（形）	soft
8. 到达	dàodá	（动）	arrive
9. 夜	yè	（名）	night
10. 钟头	zhōngtóu	（名）	hour
11. 本	běn	（量）	*measure word*
12. 出版	chūbǎn	（动）	publish
13. 课本	kèběn	（名）	textbook
14. 用品	yòngpǐn	（名）	article

15. 橡皮	xiàngpí	（名）	rubber	
16. 铅笔	qiānbǐ	（名）	pencil	
17. 大衣	dàyī	（名）	overcoat	
18. 裤子	kùzi	（名）	trousers	
19. 袜子	wàzi	（名）	socks	
20. 什么的	shénmede		and so on	
21. 必须	bìxū	（能愿）	must	
22. 工人	gōngrén	（名）	worker	
23. 干部	gànbù	（名）	cadre	
24. 机关	jīguān	（名）	government institution	
25. 教师	jiàoshī	（名）	teacher	
26. 那些	nàxiē	（代）	those	

专名　　Proper Nouns

百货大楼　　Bǎihuò Dàlóu　　name of a department store in Beijing

会话　　Dialogues

买火车票

（在北京火车站售票处　in the booking office）

琳　　达：小姐，我要买一张去上海的火车票。
售票员：去上海的火车每天有好几趟，您要几点的？
琳　　达：几点的都可以，不过，我想要特快。
售票员：大家都喜欢特快，特快票已经卖完了。不过，下午两点四十分有一趟快车，车次是13次。
琳　　达：好，有卧铺票吗？
售票员：硬卧没有了，软卧还有几张。
琳　　达：一张软卧票多少钱？
售票员：二百九十六块。
琳　　达：我要一张，这是钱。
售票员：给您票。
琳　　达：谢谢，请问，多长时间能到达上海？
售票员：17个小时。

谈计划

（谈周末计划　　talking about the plan of weekend）

A：明天放假，你有什么计划？
B：我打算一吃完早饭就进城。
A：从你家到城里得多长时间？
B：大概得一个半钟头。我八点出发，九点半左右可以到王府井。
A：是去买东西吧。
B：对了。我先去新华书店买几本新出版的汉语课本，再去文化用品商店买两块橡皮和几支铅笔，然后去一趟百货大楼，买冬天穿的大衣、毛衣、裤子、袜子什么的。你呢？打算干什么？
A：我打算痛痛快快睡一觉，这个星期我累坏了。

课文　Text

一个星期工作四十个小时

在中国，一个星期必须工作四十个小时。从星期一到星期五，工人、干部都上班，每天工作八个小时。每个星期休息两天——星期六和星期天。学校和工厂机关一样,现在也是每个星期工作五天。中午,机关、学校、银行都休息一个半小时。比较大的商店和邮局中午不休息,从早上八点到晚上十点,那些地方都开门。

注释　Notes

"买两块橡皮" means "to buy a few pieces of rubbers".

语法　Grammar

一、动量补语

The complement of measure word modifying action

"次、趟、回"也是量词,"数词+次/趟/回"放在动词后面补充说明动作的次数,叫作动量补语。动词的宾语如果是名词,动量补语出现在宾语的前边;如果是代词,就出现在宾语的后边。动词后常用"过"或"了"。见表:

"次、趟、回" are also measure words. When placed after the verb further explaining the number of actions, "number words+次/趟/回" is called the complement of measure word modifying action. If the object of the verb is a noun, the complement of measure word modifying action should be placed before the object. If it is a pronoun, it should be placed after the object. In this case, verbs are often followed by "过" or "了". See the chart:

S	V	过/了	代词	数量词	N
他	爬	过		一次	长城。
我	去	了		两次	西安。
你	见	过	她	几回？	
老师	来	过	这儿	两趟。	

二、好几

"好几"表示数量多,用法有:

"好几"may be placed before the following phrases, indicating a great quantity.

1. 好几+时间词　　好几+time words

　　好几分钟　　好几天　　好几年

2. 好几+量词+时间词　　好几+measure words+time words

　　好几个小时　　好几个星期　　好几个月

3. 好几+量词(+名词)　　好几+measure words(+noun)

　　好几个(人)　　好几本(书)

量词如果是"次、回、趟",后面要用处所名词或代词。例如:

Measure words such as "次、回、趟" should be followed by a noun denoting place or a pronoun.

(1) 来过好几次这儿了

(2) 去了好几趟车站

(3)看过好几回这个电影

三、左右

"左右"表示数量,指比某一个数量多一点或少一点。用法有:
"左右"denote number or measure, and it means either larger or smaller than a certain number or measure. Usages:

1. 时间词+左右　　time words+左右

　　三点左右　　一个星期左右

2. 表示年龄的词+左右　　words denoting age+左右

　　二十岁左右　　三十五岁左右

3. 一般数量词+左右　　ordinary number-measure words+左右

　　一米七左右　　三百元左右　二十个左右

四、等、什么的

"等"和"什么的"都可以放在列举的成分之后,表示列举没有完。二者的区别是:"什么的"一般放在句尾,"等"后边还可以有一个概括前面所列举事物的性质的名词。比较:

"等(等)"and"什么的"can be placed after appositives, implying more examples. The difference between the two is that "什么的"is usually placed at the end of a sentence, while "等(等)"can be followed by a noun indicating the nature of the examples stated before. E.g.

(1)我要去买铅笔、橡皮、本子什么的。
(2)我要买铅笔、橡皮、本子等文化用品。

练习　Exercises

一、根据例词举例：

Complete the following expressions according to the examples given：

1. 左右

　　三天左右　　　三岁左右　　　三公斤左右
　　____左右　　　____左右　　　____左右
　　____左右　　　____左右　　　____左右
　　____左右　　　____左右　　　____左右

2. 半

　　半天　　　　　半斤橘子　　　三天半时间
　　半____　　　　半句____　　　一个半____
　　半____　　　　半里____　　　三个半____
　　半____　　　　半块____　　　五个半____

3. 好几

　　好几天　　　　好几个人　　　好几次
　　好几____　　　好几个____　　好几____
　　好几____　　　好几本____　　好几____

好几____　　　好几块____　　　好几____

二、填上适当的动量补语：

Fill in the blanks with the appropriate complement of measure word modifying action：

1. 他去过____上海。
2. 我见过系主任____。
3. 我找过他____,可是都没找到。
4. 你进城进过____?
5. 你的表修过____?
6. 火车站我已经去过____了。
7. 那部电影我看过____了。
8. 今年我只游过____泳。

三、朗读对话：

Read the following dialogues：

1. A：你去哪儿？
   B：火车站。
   A：接人？
   B：是的。
   A：几点到？
   B：上午十一点四十分到。
   A：快去吧！

B：再见！

2. A：你上哪儿？
　　B：进城。
　　A：怎么今天有空儿？
　　B：我们休息星期三。
　　A：买东西？
　　B：我想上王府井买件大衣。
　　A：去吧，今天人也许少点儿。

四、用"等""什么的"完成对话：
　　Complete the dialogues with "等(等)" "什么的"：

1. ｛A：这个书店都卖什么书？
　　B：_____。

2. ｛A：你都游览过中国的哪些名胜古迹？
　　B：_____。

3. ｛A：家里有什么喝的？
　　B：_____。

4. ｛A：你进城买回来什么东西？
　　B：_____。

5. ｛A：琳达父母的箱子里都装了什么？
　　B：_____。

6. $\begin{cases} A：哪几个汉字你还写不好？ \\ B：_____。\end{cases}$

五、写两段话：

Write two paragraphs：

1. 一个星期工作五天
   美国　　必须　　从……到……　　上班
   小时　　上午　　下午　　　　休息
   开门

2. 星期六做什么
   睡懒觉　　旅行　　看父母　带孩子
   收拾房间

第三十七课　Lesson 37

生词　New Words and Expressions

1. 城市　　chéngshì　　（名）　city
2. 却　　　què　　　　（副）　but; however
3. 天堂　　tiāntáng　　（名）　heaven
4. 意思　　yìsi　　　　（名）　meaning
5. 海　　　hǎi　　　　（名）　sea
6. 潮　　　cháo　　　（名）　tide
7. 河　　　hé　　　　（名）　river
8. 近　　　jìn　　　　（形）　near
9. 河口　　hékǒu　　（名）　river mouth
10. 关于　　guānyú　　（介）　about
11. 传说　　chuánshuō　（名）　legend
12. 动人　　dòngrén　　（形）　moving
13. 神仙　　shénxian　　（名）　supernatural being

14. 石头	shítou	（名）	stone
15. 成	chéng	（动）	become
16. 颗	kē	（量）	*measure word*
17. 明珠	míngzhū	（名）	bright pearl
18. 照	zhào	（动）	shine
19. 草	cǎo	（名）	grass
20. 永远	yǒngyuǎn	（副）	always
21. 开放	kāifàng	（动）	come into bloom
22. 人间	rénjiān	（名）	the world
23. 不久	bùjiǔ	（名）	soon; before long
24. 偷	tōu	（动）	steal
25. 还	huán	（动）	return
26. 扔	rēng	（动）	throw
27. 落	luò	（动）	fall
28. 变	biàn	（动）	change
29. 飞	fēi	（动）	fly

专名　　Proper Nouns

1. 苏州	Sūzhōu	*name of a city*
2. 钱塘江	Qiántáng Jiāng	*name of a river*
3. 中秋节	Zhōngqiūjié	the Mid-autumn Festival

4. 王母娘娘　　Wángmǔ Niángniang　　*name of a goddess*

会话　　Dialogues

杭州很美

王：小李,你去过杭州吗?
李：去过。
王：听说杭州风景很美,你给我介绍介绍。
李：是的,杭州是一座风景美丽的城市。城市不太大,名胜古迹却不少。
王：有一句话说"上有天堂,下有苏杭",这是什么意思?
李：这句话的意思是:天上最好的地方是天堂,地上最美的地方是苏州、杭州。
王：杭州最著名的风景是什么?
李：是西湖,它是一个很大的公园,公园里有许多著名的名胜,一天都游不完。

钱塘江

李:小王,咱们今天去钱塘江吧?
王:钱塘江在哪儿?
李:在杭州城的南边。
王:听说在钱塘江能看到非常漂亮的海潮。
李:是的,这条河离大海很近,河口很特别,所以海潮很大。特别是在中秋节的时候,大潮漂亮极了。
王:明天就是中秋节了,咱们明天去吧。

课文　　Text

西湖的传说

　　关于西湖,有一个动人的传说。从前,天上有两位神仙,他们是一对好朋友。一天,他们把一块石头做成了一颗明珠。这颗明珠亮极了,它的光能照得很远很远。照到草上,草永远是绿色,照到花上,花永远开放,照到人间,就给人间带来幸福。不久,王母娘娘知道了这件事,她让人把明珠偷走了。两个神仙去找王母娘娘要,可是王母娘娘不还给他们,她把明珠从天上扔到了地上。明珠落到地上变成了美丽的西湖,那一对好朋友也从天上飞到了地上,变成了西湖边上的两座高山。

语法　　Grammar

一、却

"却"的意思相当于英语的"but",用在第二个分句中。例如:

"却"is similar to"but"and "yet"in English. It is often used in the coordinate clause. E. g.

(1)他是北京人,却没爬过长城。

前后分句如果都有主语,要注意"却"的位置,它必须出现在主语之后,这和"but"出现在主语之前不同。例如:

If both clauses have a subject, the position of "却"should be noticed. It can only appear after the subject. It is different from "but"and "yet"in English, which usually appear before the subject. E. g.

(2)大家都同意了,他却不同意。

　　不能说　wrong to say:

　大家都同意了,却他不同意。

(3)城市不大,名胜古迹却不少。

不能说　It is wrong to say：

城市不大,却名胜古迹不少。

二、V+到

"到"可以在动词后作补语,有以下形式：

"到"may be a complement after the verb. It can be used in the following structures：

1. V+到+一般名词　表示动作的结果

V+到+general noun to indicate the result of an action.

看到漂亮的海潮

买到便宜的衣服

2. V+到+处所词　表示处所

V+到+words denoting place to indicate place.

寄到美国

放到桌子上

3. V+到+时间名词　表示动作持续到什么时间

V+到+time words to show the duration of an action.

工作到十二点

住到明年

三、V+成

"成"也可以在动词后作补语,形式有：

"成"may be a complement after the verb. It can be used in the following structures：

1. V+成+O　表示变成、成为

   V+成+O　　It means "change into" or "become".

   (1)他把一块石头做成了一颗明珠。

   (2)明珠变成了美丽的西湖。

2. V+成+了　表示完成

   V+成+了　It means "finish".

   (3)马画成了。

   (4)这座大桥设计成了。

练　习　　Exercises

一、填量词：

Fill in blanks with the appropriate measure words：

1. 前面有一____小河。
2. 西湖是一____明珠变成的。
3. 这____事不能告诉别人。
4. 从楼上落下一____石头。
5. 他俩是一____好朋友。
6. 圣诞节，朋友给我寄来一____礼物。
7. 他拿了两____电影票请我去看电影。
8. 他戴了一____太阳镜走了。

二、用"到""成""给""走""完"填空:
　　Fill in the blanks with "到""成""给""走""完":

　　1. 他把水果分____大家吃。
　　2. 昨天他收____了家里的来信。
　　3. 他用了三天画____了一张画。
　　4. 他借____了我的自行车。
　　5. 我把字典还____他了。
　　6. 石头变____了一只金老鼠。
　　7. 他坐飞机飞____杭州。
　　8. 孩子已经从托儿所接____了。
　　9. 小树都长____大树了。
　　10. 这座大桥设计____了吗?

三、阅读:

　　Read the following:

　　古时候,大海上常常发生海潮,海潮到来的时候,人们都到海边去看。

　　为什么会有海潮? 谁也说不清楚。有的说因为有人偷走了海龙王的明珠,海龙王生气了。有的说,神仙从天上下来,接人间的人上天堂。大潮可以把人扔到天上。要是你在人间做过坏事,大潮把你扔到天上,又落下来,变成一块石头。所以,海边有很多奇怪的石头。

四、在适当的地方填上"却":

Insert "却" in the appropriate place:

1. (A)孩子(B)不大,(C)懂的事(D)不少。
2. (A)他(B)在这儿(C)住了几十年,(D)不认识这座博物馆。
3. (A)春天(B)到了,(C)天气(D)冷起来了。
4. (A)大家(B)都说这个计划好,(C)他(D)说一点儿也不好。
5. (A)上课的时间(B)已经到了,(C)没有学生(D)进来。
6. (A)那件大衣(B)很便宜,(C)没有人(D)买。

五、说说西湖的传说:

Talk about the legend of the West Lake:

传说　动人　从前　神仙　做成　明珠　极了　照到　草花　幸福　不久　偷走　扔到　落到　变成　飞到　人间

六、讲一个传说故事。

Tell a legend.

第三十八课　　Lesson 38

生词　New Words and Expressions

1.	音乐会	yīnyuèhuì	（名）	concert
2.	精彩	jīngcǎi	（形）	wonderful
3.	音乐家	yīnyuèjiā	（名）	musician
4.	相同	xiāngtóng	（形）	identical
5.	别的	biéde	（代）	other
6.	部分	bùfen	（名）	part
7.	虾	xiā	（名）	shrimp
8.	出来	chūlái		come out
9.	了不起	liǎobuqǐ		extraordinary
10.	艺术	yìshù	（名）	art
11.	大师	dàshī	（名）	great master
12.	画儿	huàr	（名）	picture
13.	画家	huàjiā	（名）	painter; artist
14.	不同	bù tóng		different

15. 特点	tèdiǎn	（名）	characteristic
16. 文学	wénxué	（名）	literature
17. 小说	xiǎoshuō	（名）	novel
18. 篇	piān	（量）	*measure word*
19. 从来	cónglái	（副）	all along
20. 查	chá	（动）	look up
21. 字典	zìdiǎn	（名）	dictionary
22. 词典	cídiǎn	（名）	dictionary
23. 遍	biàn	（量）	*measure word*
24. 请教	qǐngjiào	（动）	consult
25. 提高	tígāo	（动）	improve
26. 水平	shuǐpíng	（名）	standard, level
27. 工具书	gōngjùshū	（名）	reference book

专名　　Proper Nouns

1. 贝多芬	Bèiduōfēn	Beethoven
2. 莫扎特	Mòzhātè	Mozart
3. 齐白石	Qí Báishí	*name of a painter*
4. 徐悲鸿	Xú Bēihóng	*name of a painter*
5. 李可染	Lǐ Kěrǎn	*name of a painter*
6.《家》	《Jiā》	*name of a novel*

会话　　Dialogues

谈爱好

A:你觉得昨天的音乐会怎么样?
B:非常精彩!
A:你经常听音乐会吗?
B:经常听,我非常爱好音乐。
A:我对音乐也很感兴趣,特别是对古典音乐,更感兴趣。
B:我最爱听贝多芬和莫扎特的作品,不太喜欢现代音乐。
A:他们是两位世界著名的音乐家,我也很喜欢他们的作品。
B:咱们俩的爱好很相同。
A:除了音乐,你还有别的爱好吗?
B:除了音乐,别的我都不喜欢。

参观画展

A：你参观博物馆的画展了吗？
B：参观了，很不错。
A：有齐白石的作品吗？
B：大部分作品都是他的。
A：你觉得他的画怎么样？
B：我觉得他画得很活，他画的花、草、鱼、虾都像真的一样。我越看越喜欢，真不愿意出来。
A：他是一位了不起的艺术大师。还有别人的作品吗？
B：除了齐白石，还有徐悲鸿、李可染等画家的作品，他们的作品各有不同的特点，也非常好。

课文　Text

我喜欢中国文学

我喜欢中国文学，所以我到中国来读书。

来中国以前，我已经读过一些中国文学作品。古典小说《红楼梦》，现代小说《家》，我都读过，鲁迅的作品我也读过几篇。可是，那时候是用英文读的，从来没读过中文小说。现在要读中文的，困难真不少。我只好一边看一边查字典、词典，一遍看不懂就看两遍、三遍，一些查不到的词我就向中国老师请教。读文学作品帮我了解中国的历史和文化，也帮我提高汉语水平。我还要在中国学习一年，我希望一年以后，不用工具书，我就能读懂中国文学作品。

语法　　Grammar

一、除了（二）

"除了"(except)和"都"连用，表示除了已经单独提出来的这个或这些，其余的都无例外。例如：

"除了"and"都"are used together to mean that apart from those that have been mentioned, there is no exception in the rest. E.g.

（1）除了我，他们三个都去了。

（2）除了星期天，他每天都游泳。

后一分句用"不"或"没",表示其余的都例外。例如：
The following clause uses "不" or "没" to mean the rest are not included. E. g.

(3)除了日本,我没去过别的国家。

(4)星期天除了睡觉,我什么事也不干。

(5)除了老师,学生们都不吸烟。

二、以前

跟"以后"一样,"以前"也有两种用法：
Like "以后", "以前" also has two usages.

1. 时间词/动词性词组＋以前　表示时间
　　time words/verbal phrase＋以前 to indicate time.

(1)十年以前他就毕业了。

(2)来中国以前我不认识他。

2. 单独使用　表示比现在早的时间
　　When used alone, it refers to an earlier time. E. g.

(3)以前,我喜欢画画;现在,喜欢书法。

(4)以前,我们不认识。

三、一些

"一些"有如下用法：
"一些" has the following usages：

1. 一些＋名词　例如：
　　一些＋noun. E. g.

(1)我们参观了一些名胜古迹。

(2)小王买了一些水果。

2. 动词+一些

verb+一些. E. g.

(3)鲁迅的作品我读过一些。

(4)他的情况我听说了一些。

3. 这/那+(一)些

这时"一"常省去不说。例如：

In such a case, "一" is often omitted. E. g.

(5)这些年他都住在国外。

(6)那些书都是他买的。

四、别的

"别的"是一个代词,有两个用法：

"别的" is a pronoun, which has two usages：

1. "别的"单用,可以作主语,宾语。例如：

When "别的" is used alone, it can function as a subject or an object. E. g.

(1)别的我都不知道。

(2)我们看点儿别的吧。

2. 别的+名词

别的+noun

(3)你还有别的爱好吗？

(4)除了北京,别的地方我都没去过。

练习 Exercises

一、用"除了…"完成句子：

Complete the following sentences：

1. 除了_____，我没读过别的小说。
2. 除了_____，我很少进城。
3. 除了_____，他们哪儿也不去。
4. 除了_____，大家都回来了。
5. 除了_____，我每天都跑步。
6. 除了_____，他什么都会。
7. 除了_____，你没游览过别的名胜古迹？
8. 除了_____，你还想去哪儿？

二、完成句子：

Complete the following sentences：

1. _____以前，他还是个孩子。
2. _____以前，他一句中国话也不会说。
3. _____以前，他总是先写一会儿字。
4. _____以前，他总是收拾一下房间。
5. 以前，我们_____，后来我们住在城市里。

6. 以前,我们＿＿＿＿＿＿,后来我们不常见面。

7. 他以前＿＿＿＿＿＿,现在又爱说又爱笑。

8. 他以前＿＿＿＿＿＿,现在当上了工程师。

三、读对话:

Read the following dialogues:

(一)A:你喜欢音乐吗?

B:喜欢。

A:喜欢现代的还是古典的?

B:古典的。

A:贝多芬的? 老柴的?

B:老柴是谁?

A:柴可夫斯基。

B:他的《天鹅湖》太精彩了。

柴可夫斯基	Cháikěfusījī	P. I. Tchaikovsky
天鹅湖	Tiān'éhú	Swan lake

(二)A:你知道齐白石这个人吗?

B:国画大师谁不知道?

A:他画什么画得好?

B：萝卜、白菜。
A：还有西红柿呢！
B：怎么啦？
A：除了菜没别的？
B：还有虾。
A：对了。

萝卜	luóbo	radish
白菜	báicài	Chinese cabbage
西红柿	xīhóngshì	tomato

四、用"一些、有些、这些、那些"填空：

Select the correct words to fill in the blanks：

1. 学过的汉字____我记住了，____我没记住。
2. ____语法很难学习，因为在汉语里和在英语里不同。
3. 他的汉语水平比以前提高了____。
4. ____课本是以前出版的，__是最近出版的。
5. 大家是第一次见面，认识的时间不长，____人还来不及多谈。
6. 你说的情况我也了解____。
7. 我房子里的____生活用品都是新买的。
8. 你看____人都是等公共汽车的。

五、用指定的词完成句子：

Complete the sentences with the words given：

1. 我只少上了两节课，_____。（别的）
2. 要是你还不累，_____。（别的）
3. 除了这一部分，_____？（别的）
4. 你们俩的爱好_____？（相同）
5. 你觉得_____在哪儿？（不同）
6. 十岁的孩子就上了大学_____！（了不起）
7. 谁比他水平高他就向谁请教，_____！
（了不起）
8. 他总是不怕困难，努力学习，_____。
（提高）

六、回答问题：

Answer the following questions：

1. 你喜欢中国文学吗？
2. 你看过哪些作品？这些作品是谁写的？
3. 你喜欢哪些作品？为什么？
4. 你为什么学习汉语？是不是因为你喜欢中国文学？

第三十九课　Lesson 39

生词　New Words and Expressions

1. 选　　　xuǎn　　　（动）　select; choose
2. 门　　　mén　　　（量）　*measure word*
3. 课　　　kè　　　（名）　course, class
4. 口语　　kǒuyǔ　　（名）　spoken language
5. 选读　　xuǎndú　　（名）　selected readings
6. 报刊　　bàokān　　（名）　newspapers and periodicals
7. 节　　　jié　　　（量）　*measure word*
8. 期终　　qīzhōng　　（名）　end of the school term
9. 考试　　kǎoshì　　（名、动）exam
10. 有的　　yǒude　　（代）　some
11. 考　　　kǎo　　　（动）　examine
12. 马虎　　mǎhu　　（形）　careless

13.	成绩	chéngjì	（名）	school report
14.	得	dé	（动）	get
15.	分(分数)	fēn(fēnshù)	（名）	mark; grade
16.	及格	jígé	（动）	pass a test
17.	缺课	quē kè		miss a class
18.	有时候	yǒushíhou		sometimes
19.	生病	shēng bìng		fall ill
20.	牢	láo	（形）	(remember) well
21.	掌握	zhǎngwò	（动）	master
22.	部首	bùshǒu	（名）	radical
23.	比如	bǐrú	（动）	for instance
24.	水	shuǐ	（名）	water
25.	关系	guānxi	（名）	relationship
26.	动作	dòngzuò	（名）	movement
27.	树木	shùmù	（名）	trees
28.	嘴	zuǐ	（名）	mouth
29.	下面	xiàmiàn	（名）	following
30.	组	zǔ	（名）	group

专名　Proper Nouns

马丁　　　Mǎdīng　　　Martin

对话　Dialogues

选课

玛丽：马丁，这个学期你选了几门课？
马丁：选了四门课，汉语口语、中国现代文学作品选读、英汉翻译和报刊。
玛丽：一个星期有多少节课？
马丁：一共十八节：口语六节、文学作品选读四节、翻译课四节、报刊课四节。
玛丽：期终四门课都要考试吗？
马丁：有的要考，有的不考。

谈考试

马丁：玛丽，都考完了吗？
玛丽：都考完了。
马丁：考得怎么样？
玛丽：马马虎虎，有的比较满意，有的不太满意。
马丁：成绩知道了吗？都得多少分？

玛丽：一门九十二分，两门八十多分，还有一门六十分，刚及格。

马丁：怎么才得六十分？

玛丽：前半学期我很努力，后半学期我常缺课。有时候是生病了，有时候是早上起不来。

课文　Text

记汉字

你一定觉得汉字很难记吧？告诉你一个好方法，它能帮助你记得快，记得牢。

记一个字，应该先掌握它的部首。比如"湖、洗、潮"这几个字都有"氵"，它们一定和水有关系；"打、扔、把"都有"扌"，一定和手的动作有关系；"林、楼、椅"都有"木"，一定和树木有关系；"吃、喝、唱"都要用嘴，所以它们一定有一个"口"字。请你想想下面几组字各是什么部首？这几组字是："读、记、话""家、宫、牢""菜、草、花"。

注释 Notes

"氵""扌"这都是部首,分别读作"三点水""提手(tíshǒu)"。

"氵""扌"are all radicals. They are read"三点水"and"提手" respectively.

语法 Grammar

一、有的

"有的"经常作定语。例如:

"有的"is often used as an attributive. E.g.

(1)有的课我不太喜欢。

也可以两个"有的"连用。例如:

Sometimes, two"有的"are used together. E.g.

(2)有的同学在看书,有的同学在写信。

"有的人"和"有的时候"往往省去"的",变为"有人""有时候"。例如:

"有的人"and"有的时候"often omit"的",and become"有的""有时候". E.g.

(3)有人爱好文学,有人爱好历史。

(4)有时候我缺课,是不愿意早起。

如果"有的"修饰的名词所表达的语义是显而易见的,这个名词也可以省略。例如:

If the noun modified by "有的" has a clear implication, this

noun can be omitted. E. g.

(5)这些衣服的颜色,有的太红,有的太绿,都不好看。

二、可能补语(一)

The complement of possibility(Ⅰ)

"看见"是动词"看"加结果补语"见","回来"是动词"回"加趋向补语"来"。在"看"和"见"中间,"回"和"来"中间加入"得",就变成了可能补语"看得见""回得来"。可能补语表示可以和能够。口语里用得比较多。例如:

"看见"is formed by the verb"看"and a complement of result "见", and"回来"is formed by the verb"回"and the directional complement"来". When used between"看"and"见", or"回"and "来",they become a complement of possibility"看得见"and"回得来". The complement of possibility denotes possibilities. It is often used in spoken Chinese. E. g.

(1)这个铜镜擦得亮。(能擦亮)

(2)那辆自行车修得好。(能修好)

(3)你八点回得来吗?(能回来吗)

否定式是把"得"换成"不"。例如:

In a negative statement,"得"is changed into"不". E. g.

(4)这个铜镜擦不亮。(不能擦亮)

(5)那辆自行车修不好。(不能修好)

(6)我八点回不来。(不能回来)

肯定式和否定式连在一起,用来表示疑问。例如:
An affirmative statement and a negative statement together function as a question. E. g.

(7)这么早有课,你起得来起不来?

三、有关系

"有关系"表示两件事物之间的关系,否定式是"没有关系"。用法有:

"有关系"implies that two things are related. Its negative form is "没有关系". It can be used as follows:

1. A 和 B(没)有关系。例如:
A and B are (not) related. E. g.

(1)这件事和他有关系。

(2)"你""把""说"这几个字都和水(氵)没有关系。

2. 一组人或事物之间(没)有关系。例如:
A group of people or a number of things are (not) related. E. g.

(3)我们俩之间没有关系。

(4)今天发生的几件事互相之间有点儿关系。

练习　Exercises

一、将下列句子改成用可能补语的句子：

Rewrite the following sentences with complements of possibility:

1. 这块表能修好。
2. 他也许不能回来。
3. 那么多东西，房间这么小怎么能放下呢？
4. 你试试，这件衣服能不能穿上？
5. 谁一天也不能记住那么多生词。
6. 他觉得自己能考上大学。
7. 我想他会看上你的画儿的。
8. 我寄出去的信他能不能收到？
9. 这么高的山他能爬上去吗？
10. 再给他十天时间，他能画完这张画儿。

二、用"有的……，有的……"完成句子：

Complete the sentences with "有的…，有的…"：

1. 班里的同学，有的＿＿＿＿，有的＿＿＿＿。
2. 有的人＿＿＿＿，有的人＿＿＿＿。
3. 我们有的时候＿＿＿＿，有的时候＿＿＿＿。

4. 假期里,有的_____,有的_____。
5. 相同的电脑,有的商店_____,有的商店_____。
6. 图书馆里,有的人_____,有的人_____。

三、完成句子:

Complete the following sentences with the given words:

1. 学习汉语和了解中国的历史、文化_____
____。(有关系)
2. 张老师教一班,他和二班____。(没有关系)
3. 我期终考试成绩不太好,_____。(有关系)
4. 他经常生病,_____。(有关系、没有关系)
5. 米切尔和玛丽_____。(有……关系)
6. 我们两个国家_____。(有……关系)

四、选词填空:

Select the correct words to fill in the blanks:

门　节　篇　遍

1. 你们每____课文学习多长时间?
2. 一个汉字写几____才能记得牢?
3. 一个星期最少得上多少____课?
4. 这学期一共选了几____课?
5. 那个作家出版了三____小说。
6. 每____课他考得都很好。

7. 每____课是五十分钟。

8. 练习写完了,再看一____,你觉得没有问题了再交老师。

五、阅读:

Read the following passage:

马丁是个聪明的学生,他喜欢中国历史,也喜欢中国文学。刚到中国的时候,他选了四五门课,每星期二十多节课,忙得他连星期天都休息不了。期终考试,有的课还比较满意,有的课马马虎虎。过了一年,马丁熟悉了各门课,找到了好的学习方法,成绩提高很快,成了班上的好学生。

第四十课　Lesson 40

生词　New Words and Expressions

1. 节目　　jiémù　　　　（名）　programme, item
2. 足球　　zúqiú　　　　（名）　soccer; football
3. 比赛　　bǐsài　　　　（动）　match
4. 该　　　gāi　　　　　（能愿）ought to
5. 起飞　　qǐfēi　　　　（动）　take off
6. 只　　　zhǐ　　　　　（副）　only
7. 练　　　liàn　　　　　（动）　practise
8. 社会　　shèhuì　　　 （名）　society
9. 诗　　　shī　　　　　（名）　poem
10. 文学家　wénxuéjiā　　（名）　writer
11. 和尚　　héshang　　　（名）　Buddhist monk
12. 冷淡　　lěngdàn　　　（形）　indifferent
13. 谈话　　tánhuà　　　 （名）　talk; chat
14. 客人　　kèren　　　　（名）　guest

15. 普通	pǔtōng	（形）	ordinary	
16. 间	jiān	（量）	*measure word*	
17. 屋子	wūzi	（名）	room	
18. 敬	jìng	（动）	serve	
19. 学问	xuéwen	（名）	learning; knowledge	
20. 马上	mǎshàng	（副）	at once	
21. 礼貌	lǐmào	（名）	being polite	
22. 香	xiāng	（形）	fragrance	
23. 留念	liúniàn		keep as a souvenir	
24. 笑	xiào	（动）	smile	
25. 脸	liǎn	（名）	face	

专名 Proper Noun

郑板桥　　Zhèng Bǎnqiáo　　*name of a person*

会话　Dialogues

该走了

李：小王，你在看什么电视节目？
王：我在看足球比赛。
李：不能再看了，我们该走了。
王：让我再看一会儿吧，比赛就要结束了。
李：等比赛结束了再走，电影也要结束了。

来得及

马丁：琳达，你去干什么？
琳达：我还没换钱呢，我去换钱。
马丁：来不及了！飞机快要起飞了。
琳达：谁说的，来得及！还有一个半小时呢！
马丁：不，只有半个多小时了。
琳达：让我看看票。
马丁：你看！九点四十五起飞，不是十点四十五起飞。

去美国

A：你什么时候去美国？
B：下个月。
A：去工作还是去学习？
B：去工作。在大学教中文。
A：学校快放假了，你现在去干什么？
B：先去一个朋友家住些天。练练英语，看看美国社会，习惯习惯那里的生活，然后再去教书。

课文　Text

写诗

郑板桥是中国清代著名的画家。有一天，他到一座山上散步，看见一座庙，就进去休息。

老和尚看他的衣服很一般，就冷淡地对他说："坐！"又对小和尚说："茶！"

从谈话中,老和尚发现这个客人不像普通人,就把他请到一间大屋子里,客气地说:"请坐!"又对小和尚说:"敬茶!"

两个人又谈了一会儿,老和尚觉得这个人很有学问,就问了他的名字。一听说客人是郑板桥,老和尚马上把他请进一间漂亮的屋子,很有礼貌地说:"请上坐!"然后又对小和尚说:"敬香茶!"

郑板桥要走了,老和尚请他写字留念。郑板桥笑了笑,写了两句诗:

"坐请坐请上坐,茶敬茶敬香茶。"

老和尚一看,脸马上就红了。

注释 Notes

"请上座""上座"英语是"seat of honor"。

"上座""请上座"is "seat of honor" in English.

语法 Grammar

一、一会儿

"一会儿"表示时间短,有两个用法:

"一会儿"denotes a short time. It has two usages:

1. V+一会儿　例如：

V+一会儿(a little while). E.g.

　　谈了一会儿

　　休息一会儿

如果动词有宾语,宾语放在"一会儿"之后。例如：

If the verb is followed by an object, the object is placed after "一会儿." E.g.

　　看了一会儿书

　　写一会儿字

2. 一会儿+V(o)　例如：

一会儿+V(o)(in a moment)E.g.

　（1）我一会儿就回来。

　（2）他一会儿去图书馆。

"一会儿"也可以放在句首。例如：

"一会儿"can also be placed at the beginning of a sentence. E.g.

　（3）一会儿我就回来。

在叙述句中,"一会儿"还可以说成"不一会儿"(见第19课)。例如：

In a declarative sentence, "一会儿"is the same as "不一会儿."(See Lesson 19). E.g.

　（4）不一会儿,儿子就买回来了。

二、要……了,就要……了,快要……了

这三个句型都可以表示动作或情况很快就要发生,谓语动词放在中间。其中,"就要……了"强调时间特别紧迫。例如:

All these three structures may indicate an action or something that is happening soon. The predicate is placed in the middle. "就要…了"emphasizes its emergency. E. g.

(1)飞机就要起飞了。

"要……了""快要……了"可以表示时间比较紧。例如:
"要…了"and"快要…了"means time is rather limited. E. g.

(2)飞机要起飞了。

(3)飞机快要起飞了。

也可以表示在一段时间后发生。例如:
It can also mean that something is going to happen after some time. E. g.

(4)学校要放假了。

(5)学校快要放假了。

有时"快要……了"也说成"快……了"。例如:
Sometimes,"快要…了"is used as"快…了". E. g.

(6)学校快放假了。

三、动作的时态小结

A brief summary of the tenses of actions

汉语表示动作的时态不是靠动词改变形式,而是在动词的前边或后边加上表示时态的副词、助词。我们已经学过的有:

In Chinese, the tense of an action is not reflected by changing the form of the verb; instead, it is reflected by adding an adverb or a particle before or after the verb. We have already learned:

1. 用"正、在、正在"表示动作的进行。例如：
Use"正","在",or"正在"to indicated an action that is going on. E. g.

(1)他正打电话，你等一会儿再来。

(2)他们在(正在)学习汉语。

用"正、在、正在"时，句尾常常用"呢"。例如：
When "正","在",or"正在"are used, the sentence is often ended with"呢". E. g.

(3)我正吃饭呢！

2. 用"着"表示动作持续，句尾也常用"呢"。例如：
When"着"is used to show the duration of an action, the sentence is also ended with"呢". E. g.

(4)他吃着饭呢！

(5)她穿着一件红衣服。

例(4)表示动作的持续，例(5)表示状态的持续。动作的持续就是动作正在进行，因此常和"正、在、正在"一起用。例如：
Example 4 indicates the duration of an action. Example 5 indicates the duration of a state. The duration of an action indicates a going-on action, so it is used together with "正","在",or "正在". E. g.

(6)他正吃着饭呢！

3. 用"了"表示动作的完成。例如：
   Use "了" to show that an action is completed. E. g.

   (7)我买了一辆自行车。

   (8)他已经戒了烟。

4. 用"过"表示过去的经历。例如：
   Use "过" to indicate a past experience. E. g.

   (9)我去过桂林。

   (10)他没学过汉语。

5. 用"要、快要、就要"表示动作将要发生，句尾要用"了"。例如：
   Use "要","快要",or"就要"to show that an action is going to happen. The sentence is ended with"了". E. g.

   (11)比赛(就)要开始了。

   (12)学校快要放暑假了。

练习　Exercises

一、在下列句子的横线上填上适当的状语：

Fill in the blanks with the appropriate adverbial modifiers：

1. 他昨天____回国了。

2. 我____想说什么。

3. 我____找你，你等着我。

4. 系主任要见你，你最好____去。

5. 你____不说话？有什么不高兴的事吗？

6. 经理答应了他的要求，他____地走了。

7. 学生____地向老教授请教。

8. 假期里我要____地玩玩儿。

二、用"一般""普通""冷淡"填空：
Fill in the blanks with"一般、普通、冷淡"：

1. 他是一位____中学的老师。

2. 他的中文水平____。

3. 不知为什么，这几天我的朋友对我很____。

4. 他____起得很早。

5. 她穿一件____的白色上衣和一条蓝色裙子。

6. 两国关系____，不像以前那么好了。

三、读对话：

Read the dialogues：

在机场

A：该走了，飞机快要起飞了。

B：等一会儿，我要换点钱。

A：你快点儿回来，我在这儿等你。

B：我一会儿就回来。

谈诗

A：琳达，你喜欢中国的诗吗？
B：非常喜欢。
A：你喜欢中国古代的诗还是喜欢现代的诗？
B：都喜欢。古代诗人李白、苏轼的诗我喜欢。现代诗人艾青、郭小川的诗我也喜欢。

艾青　　　　Ai Qīng　　　　*name of a person*
郭小川　　　Guō Xiǎochuān　*name of a person*

四、选词填空：

Select the correct words to fill in the blanks：

（一）　的　地　得

1. 关于西湖有许多动人＿＿＿传说。
2. 学过＿＿＿词，他都掌握＿＿＿很好。
3. 考试＿＿＿＿成绩跟学习努力不努力有很大＿＿＿关系。
4. 和尚发现客人是个很有学问＿＿＿人。
5. 旅行回来，得舒舒服服＿＿＿睡个觉。

6. 他只是不想麻烦你,没有不好____意思。

7. 昨天夜里睡____很香。

8. 北京人每天都希望家里人:高高兴兴____去上班,平平安安____回到家。

(二) 了 着 过 正 在 正在

1. 主人跟客人____谈____话呢。

2. 他笑____对大家说。

3. 生____病就不能上课了。

4. 收到你来信的时候,我____给你写信呢。

5. 王经理一来,问题都解决____。

6. 结____婚才能在一起住。这不对吗?

7. 他要早点儿工作,就提前结束____学习生活。

8. 他们俩有____几年很幸福的生活。

五、用"要……了""就要……了""快要……了"完成句子:
Complete the sentences with "要…了""就要…""快要…":

1. 节目_____,大家都坐好吧。

2. 飞机_____,请您快点儿上来。

3. 这学期还有两个星期_____。

4. 圣诞节_____,得准备很多礼物

送朋友。

5. 火车＿＿＿＿＿＿＿＿，再不上去就来不及了。

6. 足球比赛＿＿＿＿＿＿＿＿，哪个队进的球多？

六、判断对与错：

Correct or incorrect：

1. 上午我一会儿看了书，又一会儿做了午饭。
2. 客人来了，我们一会儿谈了，他就走了。
3. 你等我一会儿，我就回来一会儿。
4. 他打算一会儿去图书馆。
5. 儿子不一会儿就买回火柴来了。
6. 只一会儿休息，休息不好。

第四十一课　Lesson 41

生词　New Words and Expressions

1.	采访	cǎifǎng	（动）	interview
2.	想	xiǎng	（动）	think
3.	职业	zhíyè	（名）	occupation
4.	辛苦	xīnkǔ	（形）	hard
5.	工资	gōngzī	（名）	wages; pay
6.	家庭	jiātíng	（名）	family
7.	联系	liánxì	（动、名）	contact; relation
8.	目的	mùdì	（名）	goal
9.	实际	shíjì	（名）	reality
10.	研究	yánjiū	（动）	study
11.	经济	jīngjì	（名）	economy
12.	管理	guǎnlǐ	（动）	manage
13.	服务	fúwù	（动）	give service to
14.	质量	zhìliàng	（名）	quality

15.	贡献	gòngxiàn	(名、动)	contribution contribute
16.	今后	jīnhòu	(名)	from now on
17.	专门	zhuānmén	(形)	special
18.	想法	xiǎngfǎ	(名)	idea; opinion
19.	发展	fāzhǎn	(动)	develop
20.	生产	shēngchǎn	(动)	produce
21.	支持	zhīchí	(动)	support
22.	当然	dāngrán	(形)	of course
23.	祝	zhù	(动)	express good wishes
24.	护士	hùshi	(名)	nurse
25.	名	míng	(量)	*measure word*
26.	丈夫	zhàngfu	(名)	husband
27.	能干	nénggàn	(形)	able; capable
28.	同时	tóngshí	(副)	at the same time
29.	夜班	yèbān		night shift
30.	照顾	zhàogù	(动)	look after
31.	了	liǎo	(动)	*complement of possibility*
32.	安心	ān xīn		be relieved
33.	离开	líkāi	(动)	leave
33.	安排	ānpái	(动)	arrange

专名 Proper Nouns

1. 王红　　　Wáng Hóng　　*name of a person*
2. 王海　　　Wáng Hǎi　　 *name of a person*
3. 张云　　　Zhāng Yún　　*name of a person*

会话 Dialogues

采访王红

记者：王红小姐,听说你没考上大学就来当售货员了,你是怎么想的?

王红：我觉得,商业工作很重要。另外,我也非常喜欢售货员这个职业。

记者：有人说商业工作很辛苦,可是工资却不太高,你为什么还喜欢这个职业呢?

王红：我想社会上每个家庭、每个人的生活,都和售货员的工作有联系。我当售货员的目的是:要在实际工作中,研究经济管理这门学问,为提高服务质量做些贡献。
记者:你今后有什么打算?
王红:我打算工作几年以后,再上大学,专门研究经济管理。
记者:你真是一个有理想的青年。

采访王海

记者:王海同志,听说你一年完成了一年半的任务。请谈谈你的想法。
王海:为了快点儿发展国家的经济,我们工人应该努力工作,多生产。
记者:想问你几个生活上的问题。你结婚了吗?
王海:结婚了,有个孩子。
记者:孩子多大?
王海:六岁了。快上学了。
记者:你爱人做什么工作?
王海:在小学当老师。
记者:你爱人支持你的工作吗?
王海:当然。不然,她怎么会跟我结婚呢?
记者:祝你全家幸福。

王海:谢谢。

课文　Text

护士张云

张云是一名年轻的护士。她丈夫是一位大夫,他们俩都在一家大医院里工作。张云又聪明又能干,也很喜欢护士这个职业。可是,她和丈夫,有时正好同时上夜班,照顾不了孩子,所以她工作不安心,想离开医院。

医院知道了张云的实际困难,就不安排张云上夜班了。问题解决了,张云和她丈夫都很高兴,他们的工作都安心了。

语法　Grammar

一、可能补语(二)

　　动词"了"作可能补语

Complement of possibility (Ⅱ)　　Verb "了" used as the complement of possibility.

动词"了"作可能补语常常表示：

When verb "了" is used as a complement of possibility, it often indicates the following:

1. 可以不可以，能够不能够进行某种动作。例如：

Whether it is possible or whether somebody is able to take an action. E.g.

(1)明天你去得了吗？

(2)我回答不了这个问题。

2. 完。例如：

(3)我吃不了这么多。

(4)买这本书用得了十块钱吗？

二、意义上的被动句

An implied passive-voice sentence.

汉语的被动句，有的要用表示被动意义的介词"被"，有的不需要。例如：

The passive voice in Chinese is often indicated by the preposition "被", but sometimes it can be omitted. E.g.

(1)问题解决了。

(2)孩子找到了。

(3)新的大桥设计好了。

这种句子里的动词后边或者有"了"，或者有结果补语。

Sentences like such can either have "了", or a complement of result after the verb.

练习 Exercises

一、读词组：

Read the following phrases:

1. 联系工作　　联系实际　　没有联系
2. 实际问题　　实际困难　　实际情况
3. 研究问题　　研究历史　　研究经济
4. 服务质量　　质量好　　　质量第一
5. 发展生产　　发展经济　　发展计划
6. 支持他　　　需要支持　　支持他的想法
7. 照顾老伴　　照顾家庭　　照顾朋友
8. 安排工作　　安排生活　　安排时间

二、选词填空：

Select the correct words to fill in the blanks:

（一）辛苦　专门　当然　能干　安心　实际

1. 那位记者是＿＿来采访王红的。
2. 你就＿＿呆在医院里吧！
3. 做实际工作的人常常是很＿＿的。

4. 他是一个很____的饭店经理。
5. 你没请他,他____不会来了。
6. ____情况不像你想的那样简单。

(二)管理　研究　安排　发展　服务　照顾

1. ____经济问题一定要联系实际。
2. 学校为学生们____了许多文化活动。
3. 提高____质量是十分重要的。
4. 他又要工作,又要____生病的妻子。
5. 中国还是一个____中的国家。
6. 中国十分需要____生产的人。

三、完成句子:

Complete the sentenses with the words given:

1. 我看你的想法很难实现,还是_____。（实际）
2. 我想换换工作,请_____。（联系）
3. 谁的意见正确,我_____。（支持）
4. 他是什么时候_____?（离开）
5. 这个箱子是_____?（生产）
6. 我有工作,_____。（同时）
7. 这个月里,他要_____。（夜班）

8. 他为中国的经济发展＿＿＿＿＿＿。（贡献）

四、用"V 得了""V 不了"改写下列句子：
Rewrite the following sentences with "V 得了""V 不了"：
1. 你晚上能去吗？
2. 这辆车能不能修？
3. 这件衣服小了，你还能穿吗？
4. 这么多行李，你能照顾吗？
5. 我不能爬这么高的山。
6. 我的宿舍很小，不能住两个人。
7. 他不会说中文。
8. 对不起，我不能帮你的忙。

五、回答问题：
Answer the questions：
1. 你最喜欢的职业是什么？为什么？
2. 你认为售货员这个职业怎么样？你想当售货员吗？
3. 工资条件在选择工作中重要不重要？
4. 如果你在工作中有了困难，你会怎么办？

第四十二课　Lesson 42

生词　New Words and Expressions

1.	地毯	dìtǎn	（名）	carpet
2.	厂（工厂）	chǎng (gōngchǎng)	（名）	factory
3.	厂长	chǎngzhǎng	（名）	factory director
4.	食品	shípǐn	（名）	food
5.	推销员	tuīxiāoyuán	（名）	salesman
6.	前年	qiánnián	（名）	the year before last
7.	跑	pǎo	（动）	search
8.	遍	biàn	（形）	everywhere
9.	大半	dàbàn	（名）	greater part
10.	热门	rèmén	（名）	popular
11.	货	huò	（名）	goods
12.	于是	yúshì	（连）	then

13. 失败	shībài	(动、名)	fail; failure
14. 名言	míngyán	(名)	well-known saying
15. 番	fān	(量)	*measure word*
16. 事业	shìyè	(名)	career
17. 人生	rénshēng	(名)	life
18. 如果	rúguǒ	(连)	if
19. 一辈子	yībèizi	(名)	all one's life
20. 看病	kànbìng		see a doctor
21. 木匠	mùjiàng	(名)	carpenter
22. 抱	bào	(动)	hold or carry in the arms
23. 当初	dāngchū	(名)	in the first place
24. 人家	rénjia	(代)	other people
25. 老年	lǎonián	(名)	old age
26. 派	pài	(动)	send
27. 岛	dǎo	(名)	island
28. 推销	tuīxiāo	(动)	promote sales
29. 产品	chǎnpǐn	(名)	product
30. 失望	shīwàng	(动)	disappointed
31. 本(岛)	běn(dǎo)	(代)	this (island)
32. 留	liú	(动)	stay; remain

专名　Proper Noun

太平洋　Tàipíng Yáng　the Pacific Ocean

会话　Dialogues

当厂长

李：老王同志，你好！听说你当上地毯厂的厂长了。
王：是啊。
李：你不是在食品厂工作吗？
王：原来在食品厂当推销员。前年，我跑遍了大半个中国，发现人们的生活水平提高了，地毯成了热门货了。于是就想办个地毯厂。
李：你没想到过失败吗？
王：怎么没想过？我听说过一句名言："你做了一番你从来没有做过的事业，你就有了两个人生。"如果鲁迅一辈子给人看病，齐白石一辈子当木匠，哪能有后来的成绩呢？

考大学

张:小高,你最近又跟那位朋友见面了吗?
高:他呀,在家抱孩子呢!
张:他没上大学呀?
高:怕是上不了了。当初,他说过不考上大学不结婚。结果,大学没考上,也结婚了。
张:后来呢?
高:结了婚,他又说:不考上大学不要孩子。可是,又没考上。四年了,孩子也有了。
张:有了孩子也可以上大学嘛!
高:人家又说了,等孩子大了再考。
张:孩子大了还上什么大学!
高:"老年大学"呀!

课文　Text

两个推销员

有两家鞋厂,各派一个人到太平洋的一个岛上去推销产品。可是这个岛上的人都不穿鞋。一个推销员看了很失望,马上给工厂发电报:"本岛上的人都不穿鞋,我明日就回去。"另外一个推销员也发了个电报:"好极了!本岛上的人都没有鞋穿,太需要鞋了,我打算留下。"

注释　Notes

1. "于是就想办个地毯厂","于是"是个连词,表示后一件事是由前一件事引起的。

"于是"in the sentence "于是就想办个地毯厂" is a conjunction, indicating that the following incident is caused by the preceding one.

2. "考不上大学不结婚",意思是 If he did not test into college, he will not get married.

"考不上大学不结婚"means If he did not test into college, he will not get married.

3. "你最近又跟那位朋友见面了吗","见面"是动宾结构,它后边不能再出现宾语。只能说"A 跟 B 见面",不能说"A 见面 B(我见面我的朋友)"。

"见面"in the sentence"你最近又跟那位朋友见面了吗"is a verb-object construction. It cannot be followed by another object. It is correct to say "A 跟 B 见面",and wrong to say "A 见面 B(我见面我的朋友)"。

语法 Grammar

一、V+遍+了

"遍"出现在动词后是结果补语,说明动作达到的范围,常与"了"连用。表示范围的词语有两个位置:

"遍"that appears after the verb is a complement of result, indicating the scope of an action. It is often used together with "了". Words denoting scope can be placed in either of the following two positions:

1. S+V 遍了+范围名词,例如:
S+V 遍了+nouns denoting scope. E.g.

(1) 我跑遍了大半个中国。

(2) 他们参观遍了北京的名胜古迹。

2. 范围名词+S(+都)+V 遍了 动词前常常加"都"。例如:
Nouns denoting scope +S(+都)+V 遍了 The verb is often preceded by "都"E.g.

(3) 上海的小吃他(都)吃遍了。

(4)中国好玩的地方我(都)玩遍了。

二、人家

"人家"是一个代词,主要有三个用法:

"人家"is a pronoun. It mainly has two usages:

1. 泛指自己和听话人以外的人,和"别人"(other people)相当。例如:

It refers generally to those other than the speaker himself and his listeners; it is the same as "别人" (other people). E.g.

(1)这件事是人家告诉我的。

(2)人家能学好汉语,我也能。

2. 特指某个人或某些人,和"他、他们"相当,所指的人是明确的。例如:

It refer specifically to a certain person or persons, the same as "他",and"他们". The person referred to is definite. E. g.

(3)这是小王的信,快给人家送去。

(4)我问过好几个人,人家都不认识那个地方。

3. 有时,"人家"也指说话人自己,和"我"相当。例如:

Sometimes, "人家"also refers to the speaker himself, the same as "I". E. g.:

(5)人家等了你半天了,你怎么才来?

三、本

"本"作为指示代词,主要用法有:

"本"used as a demonstrative word can be used mainly as follows:

1. 自己方面的(one's own) 常用的有:
Commonly used as such:

本人　　本厂　　本国
本校　　本系　　本地

2. 现今的(this) 常用的有:
Commonly used as such:

本周　　本月　　本年
本世纪

练习　Exercises

一、读词组:

Read the following phrases:

1. 食品　推销食品　食品工业　买食品
2. 去年　明年　　后年　　　前年
3. 大半　大半年　大半个北京　一大半
4. 热门　热门货　热门课　　很热门
5. 推销　推销产品　推销自行车　推销员

二、选词填空：

Select the correct words to fill in the blanks：

热门　失败　当初　推销　失望　大半　一辈子

1. ____是成功之母。（成功 chénggōng succeed）
2. 他一年里____时间是在图书馆。
3. 外语、经济在大学里都是____专业。
4. ____,她就不愿意同他结婚。
5. 事业上的失败使他很____。
6. 工厂生产的产品如果____不出去,工厂就得关门。
7. 他____都没离开过北京。

三、完成句子：

Complete the sentences with the words given：

1. 我_____,才找到那家医院。（跑遍）
2. 退休老工人在家_____,很自由。（抱）
3. 你看_____,身体多好啊！（人家）
4. 他被学校_____。（派）
5. 他的老师希望他_____,可是他想回国。（留）
6. 大家都说他留下来好,_____。（于是）

7. ＿＿＿＿＿＿＿，我的研究就进行不下去了。

　　　　　　　　　　　　　　（如果）

四、用"V＋遍＋(了)"改写下列各句：
Rewrite the following sentences by using "V＋遍＋(了)".

1. 关于这件事，他问了每一个人。
2. 我们访问了这个学校的每一位老师。
3. 北京有名的饭店他都吃过。
4. 我找了每一个地方也没找到我的钥匙。
5. 中国有名的城市我都去过了。

五、在下列各句的空白中填上适当的连词：
Fill in the blanks with the proper conjunctions：

1. ＿＿＿不是大夫来得早，病人就没救了。
2. 听说食品厂需要一名推销员，＿＿＿我急忙去了食品厂。
3. 你就别再去推销了，＿＿＿人家不喜欢你们工厂生产的产品。
4. ＿＿＿我不介绍鞋的好处，那个岛上的人可能永远穿不上鞋的。
5. ＿＿＿前年我不生病，我就上了管理学院。
6. 医院领导了解到他俩的实际困难，＿＿＿不再让他俩同时值夜班。

六、判断对与错：

Judge whether the sentences are correct or incorrect：

1. 昨天厂长和推销员在饭店见面了。
2. 这个星期六我要见面我的朋友。
3. 他们俩上午已经见面过了。
4. 她在公园里见面了她的男朋友。
5. 他是你的老朋友,见了面你就知道他是谁了。

第四十三课　Lesson 43

生词　New Words and Expressions

1. 增加　　zēngjiā　　（动）　increase
2. 虽然　　suīrán　　（连）　though
3. 夫妇　　fūfù　　（名）　husband and wife
4. 超　　chāo　　（动）　exceed
5. 控制　　kòngzhì　　（动）　control
6. 既然　　jìrán　　（连）　since
7. 准　　zhǔn　　（动）　permit
8. 独生子女　dúshēng zǐnǔ　　only children (son or daughter)
9. 地位　　dìwèi　　（名）　status
10. 满足　　mǎnzú　　（动）　content
11. 要求　　yāoqiú　　（名、动）demand
12. 惯　　guàn　　（动）　spoil
13. 教育　　jiàoyù　　（动）　educate

14.	关心	guānxīn	（动）	concern
15.	一切	yīqiè	（名）	all
16.	并(不)	bìng(bù)	（副）	used before a negative for emphasis
17.	身边	shēnbiān	（名）	at one's side
18.	孙子	sūnzi	（名）	grandson
19.	孙女	sūnnǚ	（名）	granddaughter
20.	饮食	yǐnshí	（名）	food and drink
21.	咸	xián	（形）	salty
22.	辣	là	（形）	hot; spicy
23.	说法	shuōfa	（名）	expression
24.	气候	qìhòu	（名）	climate
25.	南方	nánfāng	（名）	south
26.	温和	wēnhé	（形）	mild
27.	北方	běifāng	（名）	north
28.	冬季	dōngjì	（名）	winter
29.	葱	cōng	（名）	onion
30.	蒜	suàn	（名）	garlic
31.	面	miàn	（名）	noodles
32.	种	zhǒng	（量）	*measure word*
33.	味道	wèidao	（名）	taste

专名 Proper Nouns

1. 山东　　　Shāndōng　　　Shandong Province
2. 山西　　　Shānxī　　　　Shanxi Province

会话 Dialogues

谈人口

张:你知道中国一年增加多少人口吗?
王:不知道。
张:中国一年增加一千五百万人口。
王:真不少。
张:现在虽然有了计划,一对夫妇只生一个,但超生的情况还没控制住。
王:既然一对夫妇只准生一个,为什么还要超生呢?
张:因为一些人还是喜欢男孩。如果生的是女孩,他们就希望再生一个。

小皇帝

王：老张，人们常谈起"小皇帝"，这是什么意思？

张：现在一对夫妇只准生一个孩子。这个孩子是独生子女。他在家里的地位很高。父亲、母亲、爷爷、奶奶都要满足他的要求。孩子就像皇帝一样。

王：这样，孩子不是惯坏了吗？

张：所以，独生子女的教育是社会关心的问题。

王：把孩子送进托儿所，一切问题都解决了。

张：问题并不那么简单。一是父母不放心自己的孩子。二是爷爷、奶奶喜欢身边有个孙子孙女。

课文　Text

中国人的饮食习惯

中国人在饮食习惯上，有"南甜北咸，东辣西酸"的说法。这种习惯上的不同跟气候有很大关系。南方人喜欢吃甜的,因为气候温和。北方人喜欢吃咸的,因为冬季长,气候冷。这就是"南甜北咸"。山东人爱吃葱、蒜,山西人吃面离不开醋。这就是"东辣西酸"。现在,越来越多的人更喜欢"甜咸"或"酸辣"两种味道。

语法　Grammar

一、虽然……但(是)……

"虽然……但(是)……"常配合使用,其中"但是"的"是"可以略去不说。"虽然"可以放在第一分句的主语前边或主语后边,"但(是)"必须放在第二分句的句首。例如:

"虽然…但(是)…"are often used together. The word "是"in"但是"can be omitted. "虽然" may be placed before or after the subject in the first clause. However, "但(是)"must be placed at the beginning of the second clause. E. g.

(1)我虽然学过日语,但是并没有学好。

(2)虽然他感冒了,但还是上课去了。

二、既然

"既然"常和"就、也、还"配合使用,它在复句中的位置比较自由,可以在第一分句的主语前和主语后自由出现。例如:

"既然"is often used together with"就","也",or"还". Its position in a complex sentence varies: it appears either before or after the subject of the first clause. E.g.

(1)你既然觉得不舒服,就别走了。

(2)既然你们都去,我也去吧!

(3)你既然已经决定了,我还能说什么呢?

"既然"和"还"一起用时,第二分句往往是一个反问句,如例(3)。

When"既然"and"还"are used together, the second clause is always a rhetorical question.

三、一切

"一切"常和"都"一起连用:

"一切"is often used with"都":

1. 一切+N+都+其它成分+了 例如:
   一切+N+都+other parts+了 E.g.

(1)一切问题都解决了。

(2)一切手续都办好了。

2. 定语+一切+都+动词/形容词 例如:
   Attribute+一切+都+verb/adjective E.g.

(3)这里的一切都让我高兴。

(4)医院里的一切都那么干净。

3.动词+一切

verb+一切

(5)我已经知道了一切。

四、并

作为副词,"并"用在否定词"不/没"之前,加强否定语气。

As an adverb,"并"is placed before the negative word"不/没"to emphasize the negation.

(一)并+不

1.并+不+形容词(adjective)

(1)那条花裙子并不漂亮。

(2)学习写汉字并不难。

(3)这样的天气并不舒服。

2.并+不+动词(verb)

(4)跳舞我并不喜欢。

(5)这里的情况他并不了解。

(6)姑娘并不爱他。

3.并+不+是

(7)他并不是中国人。

(二)并+没

"并+没"后边只能加动词。例如:

"并+没",can only be followed by the verb. E. g.

(1)他并没参加。⎱(动词后没有宾语)
(2)我并没睡觉。⎰(No object after the verb.)

(3)你并没告诉我这件事。⎱(动词后有宾语)
(4)她并没收到我的信。⎰(An object after the verb.)

动词后如果有宾语,往往在动词后边加"过",表示否定经历。例如:

If there is an object after the verb, "过" is often added after the verb to deny having had the experience. E.g.

(5)我并没去过那儿。
(6)他并没参观过那个画展。

练习 Exercises

一、读词组:

Read the following phrases:

1. 增加老师　增加工资　增加时间
2. 控制人口　控制一切　控制经济
3. 教育孩子　教育事业　发展教育
4. 关心社会　关心孩子　关心身体
5. 饮食习惯　饮食卫生　注意饮食

二、选词填空:

Select the correct words to fill in the blanks:

满足 一切 控制 要求 地位 关心 教育 饮食 增加

1. 过去的____就都忘了吧!
2. 每个人在社会中都有自己的____。
3. 经理____了大家的____。
4. 他的____习惯很好,不喝太多的酒,不吃太多的肉。
5. 这个城市的人口这几年____得很快。
6. 全社会的人都应该____独生子女的教育问题。
7. 医生告诉我,为了我的健康,我应该____饮食。
8. 这位老师的____方法很好,孩子们都很喜欢她。

三、在下列句中填上"虽然"或"既然":

Fill in the blanks with "虽然"or"既然":

1. ____你知道,为什么不说?
2. ____他病了,可他还是来了。
3. ____他们俩是朋友,可是却很少在一起。
4. ____你已经懂了,我也就不再讲了。

5. ____ 这里条件差一些，可是我觉得还可以。

6. ____ 你能吃辣的，我就给你做辣子鸡。

四、用"并不"或"并没(有)"完成句子：

Complete the setences with "并不" or "并没(有)"：

1. 琳达已经学了三年汉语了，可是_____。
2. 这篇课文虽然很长，不过_____。
3. 她说要来参加昨天的舞会，但是_____。
4. 你介绍的那几个名胜古迹，我_____。
5. 大家都说汉语很难学，实际上_____。
6. 我虽然喜欢中国文学，可是_____。

五、用下面的词谈谈你自己的饮食习惯：

Talk about your habit in dieting with words given：

饮食　习惯　甜　　咸　　辣　酸　葱　　蒜
控制　面　　饭店　小吃　喝　火鸡　　鱼
酒　橘子　茶　　咖啡　蔬菜　食堂　醋

第四十四课　Lesson 44

生词　New Words and Expressions

1. 叶(叶子)　yè(yèzi)　　（名）　　leaf
2. 愿意　　　yuànyì　　　（能愿）willing
3. 担心　　　dānxīn　　　（动）　　worry
4. 实在　　　shízài　　　（副、形）indeed; really
5. 没什么　　méi shénme　　　　　It doesn't matter
6. 糟　　　　zāo　　　　　（形）　　how terrible
7. 刚才　　　gāngcái　　　（名）　　just now
8. 通知　　　tōngzhī　　　（名、动）notice; notify
9. 语言　　　yǔyán　　　　（名）　　language
10. 对比　　　duìbǐ　　　　（动）　　contrast
11. 讲座　　　jiǎngzuò　　（名）　　lecture
12. 对话　　　duìhuà　　　（名）　　dialogue
13. 啦　　　　la　　　　　（助）　　*modal particle*
14. 虚岁　　　xūsuì　　　　（名）　　nominal age

15.	周岁	zhōusuì	（名）	one full year of life
16.	声(声音)	shēng (shēngyīn)	（名）	sound; voice
17.	挺	tǐng	（副）	very; rather
18.	伺候	cìhou	（动）	wait upon
19.	保姆	bǎomǔ	（名）	housekeeper
20.	老伴儿	lǎobànr	（名）	(of an old married couple) husband or wife
21.	伴儿	bànr	（名）	companion
22.	下(下棋)	xià(xiàqí)	（动）	play (chess)
23.	棋	qí	（名）	chess
24.	养	yǎng	（动）	raise; grow
25.	鸟	niǎo	（名）	bird

专名　　Proper Nouns

京剧	Jīngjù	Beijing Opera
小明	Xiǎo Míng	*name of a person*

会话　Dialogues

去香山看红叶

玛丽：明天下午没课,我想去香山看红叶,你愿意跟我一起去吗?
琳达：我很想去,不过我担心去不了。
玛丽：为什么?
琳达：因为我的父母明天到中国来,我得去接他们。实在对不起。
玛丽：没什么,我和中国朋友一起去。
琳达：等我父母到了北京,我会陪他们去香山看红叶的。
玛丽：你真会安排。

看京剧

小王：琳达,我买到两张京剧票。咱们今晚去看京剧,好吗?

琳达:京剧很有意思,可是我听不懂。
小王:没关系,到时候我当你的翻译。
琳达:那好。几点走?
小王:路比较远,我们六点走。怎么样?
琳达:糟了,六点我可能回不来。刚才办公室通知我,下午去听一个英汉语言对比讲座。
小王:看情况吧,去得了就去,去不了也没关系。
琳达:真对不起。

课文　Text

父子对话

"小明,我可要结婚啦。"父亲对儿子说。
"和谁?"。
"老年活动站认识的,姓张。"
"您不都六十七了吗?"
"那是虚岁。周岁才六十五。"
"还'才'呢!"儿子差点儿笑出声来。
"您身体挺好,也用不着人伺候。真动不了了,请个保姆不是一样吗?"

"可我找的是老伴儿,不是保姆!"

"您的伴儿不是也不少吗?——下棋的,打拳的,养鸟儿的……"

儿子看见了父亲的脸,不再说了。

注释 Notes

1."你愿意跟我一起去吗","愿意"也是一个能愿动词,在句中要放在动词前边。

"愿意"in the sentence"你愿意和我一起去吗?"is also an optative verb, which should be placed in front of the verb.

2."没什么",是回答别人表示歉意时常用的一句话,相当于"没关系"。

"没什么"is often used to express regret in an answer, similar to"没关系"。

3."到时候我当你的翻译","到时候"是"当……的时候"。"我当你的翻译"是说"我做你的翻译"。

"到时候"means "when…". "我当你的翻译"means "I'll be your interpreter."

4."用不着"是一个固定用法,意思是"不需要",肯定式是"用得着",意思是"需要"。动词"着(zháo)"做可能补语,表示能够不能够达到某种目的或结果。常见的有:"买得(不)着""找得(不)着""看得(不)着""听得(不)着"等。

"用不着"is a set-phrase, which means"unnecessary". Its affirmative form is"用得着": it means "necessary". Verb"着

(zháo)"is a complement of possibility, showing whether or not it can achieve a purpose or result. Common usages are "买得(不)着""找得(不)着""看得(不)着听得(不)着",etc.

语法 Grammar

一、趋向补语(三)

The directional complement (Ⅲ)

"走进来"是动词"走"加复合趋向补语"进来",如果动词"走"后有地点名词,地点名词要放在"来/去"之前。例如:

"走进来"is formed by the verb "走" plus the complex directional complement "进来". If there is a noun denoting place after the verb "走", the noun should be placed before "来/去". E.g.

(1)他走进厨房来了。

(2)他跑上楼去了。

如果带复合趋向补语的动词后有一般名词,这个名词可以放在"来/去"之前,也可以放在"来/去"之后。例如:

If there is a general noun after the verb which has a complex directional complement, this noun may be placed before "来/去", or after "来/去". E.g.

(3) { 我买回你要的书来了。
     我买回来你要的书了。

(4) { 他寄回一封信去。
     他寄回去一封信。

二、都

"都"有三个意思：
"都"has three meanings：

1. 全部　All

(1)大家都来了。

(2)这些生字我都记住了。

2. 已经　Already

句尾用"了" Ended with"了"

(3)都十二点了，下课吧。

(4)都三十岁了，他还没结婚。

(5)都十月底了，冬天要来了。

3. 表示强调　To lay emphasis

(6)他连北京都没去过。

(7)老师都不认识这个字，我怎么认识？

练习　Exercises

一、读词组：

Read the following phrases：

1. 愿意去　　　愿意参加　　　愿意结婚
2. 担心身体　　担心朋友　　　担心下雨
3. 安排时间　　安排生活　　　安排活动
4. 通知学生　　接到通知　　　电话通知

二、选词填空：

Select the correct words to fill in the blanks：

愿意　担心　实在　伺候　安排　翻译　刚才　讲座

1. ＿＿＿谁来了？
2. 请你把这封信＿＿＿成中文。
3. 谁＿＿＿去谁去。
4. 真对不起，我＿＿＿没时间跟你去。
5. 我＿＿＿他没收到信。
6. 考试＿＿＿在什么时候？
7. 她从小有保姆＿＿＿。
8. 学校里每个星期六都有＿＿＿。

三、在下列句子中填上"没关系""没什么"：

Fill in the blanks with"没关系"or"没什么"：

1. 你听不懂中国话＿＿＿＿＿＿，他们有翻译。
2. ＿＿＿＿＿＿＿＿，我只是有点不舒服。
3. 你忘了带钱＿＿＿＿＿＿，我借给你。
4. 我不去也＿＿＿＿＿＿，已经有人去了。

5. 我觉得_____,可是他很不高兴。
6. 你不认识那儿_____,你跟我一起去吧。

四、完成句子：

Complete the sentences with the words given：

1. 今天天气真好，_____？（愿意）
2. 十二点了，女儿还没回来，妈妈___。（担心）
3. 这个问题太难了，我_____。（实在）
4. 小王，_____,请你去吃晚饭。（刚才）
5. 我们一起去香山公园玩好吗？那儿的红叶_____。（挺）

五、把下面词连成句子：

Combine the following words or phrases into sentences：

1. 寄　信　出去
2. 买　电影票　回来
3. 跑　楼下　去
4. 走　教室　进来
5. 送　行李　回去
6. 卖　衣服　出去

第四十五课　Lesson 45

生词　New Words and Expressions

1. 专　　　　zhuān　　　　（形）　particular
2. 商场　　　shāngchǎng　（名）　market
3. 牌儿　　　páir　　　　　（名）　brand
4. 名牌儿　　míngpáir　　　（名）　well-known brand
5. 打　　　　dǎ　　　　　　（动）　to inflate
6. 气　　　　qì　　　　　　（名）　air
7. 周末　　　zhōumò　　　　（名）　weekend
8. 熟悉　　　shúxi　　　　　（形）　know well
9. 地下铁道　dìxià tiědào　　　　　subway
10. 一直　　　yīzhí　　　　　（副）　continuously
11. 终点　　　zhōngdiǎn　　　（名）　terminal (station)
12. 上来　　　shànglái　　　　　　come up
13. 线路　　　xiànlù　　　　　（名）　route
14. 环行　　　huánxíng　　　　　　going in a ring

15. 明白	míngbai	(形)	understand
16. 车牌儿	chēpáir	(名)	plate (for a bicycle)
17. 号码	hàomǎ	(名)	number
18. 数字	shùzì	(名)	figure
19. 升	shēng	(动)	go up
20. 河流	héliú	(名)	river
21. 股	gǔ	(量)	measure word
22. 壮观	zhuàngguān	(形)	grand sight
23. 工具	gōngjù	(名)	tool
24. 只要	zhǐyào	(连)	so long as
25. 足	zú	(形)	full
26. 噪音	zàoyīn	(名)	noise
27. 环境	huánjìng	(名)	environment
28. 污染	wūrǎn	(动)	pollute
29. 安全	ānquán	(形)	safe

专名 Proper Nouns

1. 西单	Xīdān	name of a street in Beijing
2. 西单商场	Xīdān Shāngchǎng	name of a shopping centre

3. 北京火车站　Běijīng Huǒchēzhàn　Beijing Railway Station
4. 东西长安街　Dōng-Xī Cháng'ānjiē　name of a street
5. 永久(牌儿)　Yǒngjiǔ(páir)　brand of a bicycle
6. 飞鸽(牌儿)　Fēigē(páir)　brand of a bicycle
7. 凤凰(牌儿)　Fènghuáng(páir)　brand of a bicycle
8. 黄先生　Huáng Xiānshēng　Mr. Huang

会话　Dialogues

买自行车

张：小王，你知道哪儿能买到自行车？

王：大商店都卖自行车。还有专卖自行车的商店。西单商场就卖自行车，商场对面也有一家商店专卖自行车。

张：你知道什么牌儿的自行车好？

王：永久、飞鸽、凤凰三种都是名牌儿自行车。你想买哪种？
张：我想买永久牌儿的。
王：我告诉你怎么走。你坐车到西单，下车往北走五分钟，右边是西单商场。如果那里买不到，你就到马路对面的商店看一下儿。
张：这个星期天我就去买。
王：买完车要打气，不打气就骑不回来。
张：谢谢。

北京地铁

王：黄先生，你什么时候回国？
黄：这个周末。
王：北京你已经很熟悉了。再来你就是老北京了。
黄：哪里哪里。每次出去参观都坐出租汽车。我听说北京的地下铁道很方便，可是，我还没有坐过。
王：这很容易。你想去哪儿？
黄：北京火车站。
王：从这里出去向右拐，就是地铁车站，坐上去一直到终点，从终点站上来就是北京站。
黄：那我怎么回来呢？

王:你如果不下车,还会把你送回来的。
黄:那为什么?
王:这条地铁线路是环行的。
黄:我明白了。

课文　Text

自行车在中国

中国有多少辆自行车?谁也不知道。北京有多少辆自行车?从车牌儿上的号码数字知道,有九百多万辆。

当太阳升起的时候,东西长安街上成了自行车的河流。一股向东,一股向西,十分壮观。

在一个经济不发达的国家,自行车是人们理想的交通工具。只要打足了气,就能骑着它长途旅行,又经济又方便。在人口多的大城市里,自行车是噪音小、对环境污染少的安全工具。

注释 Notes

1. "老北京",指对北京熟悉的人。

"老北京"refers to those who know Beijing very well.

2. "九百多万辆",注意"多"的位置,不能说"九百万辆多"。

Pay attention to the position of the word"多"in the sentence"九百多万辆". It is wrong to say"九百万辆多".

语法 Grammar

一、可能补语(三)

The complement of possibility(Ⅲ)

复合趋向动词作可能补语。例如:

The complex directional verb is used as the complement of possibility. E.g.

骑得(不)回来

站得(不)起来

爬得(不)上去

二、谁也不……

"谁也不"也说成"谁都不",强调没有例外。例如:

"谁也不"is the same as"谁都不",emphasizing no exception. E.g.

(1)谁也不认识他。

(2)谁都不知道中国有多少辆自行车。

三、只要……就……

"只要"是一个表示条件的连词,常和"就"配合使用,构成"只要 A 就 B"式。"只要"可以在主语前后自由出现。例如:

"只要"is a conjunction denoting condition. It is often used with"就"to form the construction"只要 A 就 B"."只要"may appear before or after the subject. E.g.

(1)你只要一直往前走,就能找到地铁站。

(2)只要你愿意,就可以参加。

有时候主语在第二分句中出现。例如:

Sometimes the subject appears in the second clause. E.g.

(3)只要不下雨,我们就去爬山。

四、如果……就……

"如果"常和"就"连用,表示假设和结论。例如:

"如果"is often used with"就"to denote supposition and conclusion. E.g.

(1)如果下雨就不去了。

(2)如果你不能来,就打个电话给我。

有时"如果"也和"那么"连用。例如:

Sometimes"如果"is used with"那么". E.g.

(3)如果你不去,那么我也不去。

"如果"也可以单用。例如:

"如果"can be used by itself. E.g.

(4)如果你现在有事，我明天再来。

练习　Exercises

一、读词组：

Read the following phrases：

1. 熟悉情况　　熟悉生活　　熟悉社会
2. 大商场　　　西单商场　　新商场
3. 电话号码　　房间号码　　自行车号码
4. 交通工具　　生产工具　　修理工具
5. 污染水果　　污染城市　　污染环境

二、选词填空：

Select the correct words to fill in the blanks：

(一)周末　熟悉　一直　环行　明白　壮观　污染　安全

1. ＿＿你做什么？
2. 这么简单的道理你怎么不＿＿呢？
3. 环境＿＿对人的健康不好。
4. 在山上看太阳升起来，一定十分＿＿。
5. 我刚到北京大学，对环境还不＿＿。

6. 骑自行车上街____不____？
7. 北京有没有____公共汽车？
8. 他走后____没来过信。

(二) 专 打 升 足
1. 他____在早上念外语。
2. 我给他____电话时,他不在家。
3. 那个司机开____了马力。
4. 太阳还没____起来,他已经开始锻炼了。

三、在下列句中填上适当的连词：

Fill in the blanks with the appropriate conjunctions：

1. ____发展经济,就能提高人民的生活水平。
2. ____控制世界人口,就能解决经济问题。
3. ____你愿意去,什么时间都可以。
4. ____不下雨,我就骑自行车去。
5. ____在夜里,你才能看到星星(stars)。
6. ____是有草的地方,就一定会有水。

四、用"V＋得(不)＋复合趋向动词(回来)"格式完成下列句子：

Complete the sentences with "V＋得/不＋the complex directional verb(回来)" structure：

1. 我的自行车没气了,_____。(骑)

2. 这么高的山,你_____?（爬）

3. 她的腿坏了,现在_____。（站）

4. 这么多的书,你一个人_____。（拿）

5. 这条马路很挤,汽车很不容易_____。（开）

五、判断正误：

Judge whether the sentences are correct or incorrect：

1. A：我们学校有一万学生多。

   B：我们学校有一万多学生。

   C：我们学校有一多万学生。

2. A：谁不知道这件事也。

   B：谁也不知道这件事。

   C：谁都不知道这件事。

   D：都谁不知道这件事？

3. A：下午只要不下雨,我去香山公园爬山。

   B：下午只要不下雨,我才去香山公园爬山。

   C：下午只要不下雨,我就去香山公园爬山。

   D：下午只要不下雨,就我去香山公园爬山。

第四十六课　Lesson 46

生词　New Words and Expressions

1. 增长　　zēngzhǎng　　（动）　broaden
2. 知识　　zhīshi　　　　（名）　knowledge
3. 反对　　fǎnduì　　　　（动）　oppose
4. 出门　　chūmén　　　　　　　go out
5. 放心　　fàngxīn　　　　　　 feel relieved
6. 看来　　kànlái　　　　　　　It seems
7. 重点　　zhòngdiǎn　　（名）　focus
8. ……以来　…yǐlái　　　　　　since
9. 够　　　gòu　　　　　（形）　enough
10. 妇女　　fùnǚ　　　　　（名）　woman
11. 坟　　　fén　　　　　（名）　grave; tomb
12. 哭　　　kū　　　　　　（动）　cry
13. 停　　　tíng　　　　　（动）　stop; pause
14. 回答　　huídá　　　　（动）　answer

15. 公公	gōnggong	（名）	father-in-law
16. 活儿	huór	（名）	work
17. 虎	hǔ	（名）	tiger
18. 指	zhǐ	（动）	point out
19. 感到	gǎndào	（动）	feel
20. 税	shuì	（名）	tax
21. 沉默	chénmò	（形）	silent
22. 叹气	tànqì		sigh
23. 口	kǒu	（量）	*measure word*
24. 苛政	kēzhèng		tyranny
25. 猛	měng	（形）	fierce
26. 于	yú	（介）	than

专名 Proper Nouns

1. 孔子	Kǒngzǐ	Confucius
2. 青岛	Qīngdǎo	Qingdao city
3. 天山	Tiānshān	Tianshan mountain
4. 海南岛	Hǎinándǎo	name of a island
5. 松花江	Sōnghuā Jiāng	Songhua river
6. 泰山	Tàishān	Taishan mountain
7. 虎山	Hǔshān	*name of a mountain*

会话 Dialogues

哪儿也不去

马：小王，假期你打算去哪儿旅行？
王：我哪儿也不去。
马：为什么？
王：孔子说："父母在，不远游。"
马：那是几千年前的道理。旅行可以增长知识，父母不会反对的。
王：我父母每次来信都叫我少出门。他们不放心。
马：那你为什么还要到中国来留学呢？
王：因为我非常喜欢中国文化。

谈旅行

金：张先生，你好！
张：你好。金先生，好久不见了。
金：我刚旅行回来。这一次去的地方真远。

张：你都去哪儿了？
金：东边到青岛海边，西边到天山脚下，南边到海南岛，北边到松花江。
张：你把中国跑遍了。
金：我这次旅行的目的是越远越好。中国真是太大太美了。
张：看来，你这次旅行的重点不是参观城市，而是欣赏自然风景。
金：你说对了。到中国工作以来，大城市差不多我都去过了。不过，历史名城去一次是不够的。以后我还要去。

课文　Text

孔子游泰山

泰山东边有一座虎山，风景十分美丽。有一天，孔子游泰山，来到虎山下，看见一位妇女坐在一座新坟前哭，孔子问她："坟里是你的什么人？"

那位妇女停住哭声回答："从前我的公公在山上干活儿，被虎吃了。后来我的丈夫又被虎吃了，现在我的儿子……"她指了指新坟:"也被虎吃了。"

孔子听了,感到奇怪,就问她:"这里有老虎,为什么不离开这里,到山下去住啊?"

那位妇女回答说:"因为这里没人收税啊!"

孔子沉默了一会儿,叹了口气说:"苛政猛于虎啊!"

语法　Grammar

一、哪儿也不……

和"谁也不"相同,"哪儿也不"也是强调没有例外,不同的只是一个强调人,一个强调处所。例如:

Like "谁也不", "哪儿也不" is also used to emphasize no exception. The difference between them is that one emphasizes the person, and the other, the place. E.g.

(1)我哪儿也不认识。

(2)他哪儿也不去。

也可以说"哪儿也没"。例如:

It is also correct to say "哪儿也没". E.g.

(3)他们到北京以后,还哪儿也没去过呢。

二、"已经"和"刚"

"已经"and"刚"

"已经"和"刚"都可以作状语,都有以下用法:

Both"已经"and"刚"can be adverbials; they can be used as follows:

已经/刚＋动词/形容词　表示在过去的时间里发生的行为或状态。例如:

已经/刚＋verb/adjective It denotes a past action or a state. E.g.

(1) { 他已经旅行回来了。
　　　他刚旅行回来。

(2) { 天气已经暖和了。
　　　天气刚暖和。

区别:第一,"已经"可以表示动作刚刚发生,也可以表示动作在较早的时间发生;"刚"只能表示动作在说话前不长的某个时间才发生。第二,"已经"常和"了"搭配;"刚"后一般不用"了"。

Notice the difference: First, "已经"indicates an action that has just taken place, or an action happened some time ago, while "刚" refers to an action that has happened not long before it is mentioned. Secondly, "已经"is often used with"了", but "刚"is not.

三、不是……而是……

前后两部分,前一部分否定,后一部分肯定,中间常用逗号隔

开。例如:

Of the two parts, the former is negative and the latter is affirmative, and they are often separated by a comma. E.g.

(1) 他不是日本人,而是中国人。

(2) 这不是我新买的,而是过生日的时候朋友送的。

(3) 他们来中国不是要参观城市,而是想欣赏自然风景。

练习 Exercises

一、读词组:

Read the following phrases:

1. 增长知识　人口增长　　工业增长
2. 反对爬山　反对考试　　反对苛政
3. 重点工程　重点大学　　学习重点
4. 感到高兴　感到满意　　感到方便
5. 开学以来　到中国以来　三年以来

二、选词填空:

Select the correct words to fill in the blanks:

(一) 够　停　指　于

1. 车____在大门口。
2. 五大____四。
3. 这点钱不____买书的。
4. 他____着那个人对我说,你认识那个人吗?

(二)增长　感到　沉默　重点　欣赏
1. 中国工业每年____百分之十左右。
2. 他把学过的____生词都记住了。
3. 应该说的你就要说,不能____。
4. 他____有点不舒服,提前走了。
5. 我很____中国的古典音乐。

三、在下列句中填上"看来"或"……以来":
Fill in the blanks with "看来" or "…以来":

1. 开学____,我们每天都上四节课。
2. ____,你还不大了解他。
3. 从你说的情况____,那里很需要医生。
4. 一九八〇年____,中国发生了很大变化。

四、用"不是……而是……"连句:
Make sentences with "不是…而是…":

1. 研究中国文学　　研究经济管理
2. 当售货员　　　　当护士

3. 推销地毯　　　　推销鞋
4. 喜欢下棋　　　　喜欢集邮
5. 坐火车去旅行　　坐飞机去旅行
6. 去邮局寄信　　　到书店买字典

五、判断对与错：

Judge whether the sentences are correct or incorrect：

1. A：北京的名胜古迹我哪儿也没参观过呢！
   B：北京的名胜古迹我哪儿都没参观过呢！
   C：都北京的名胜古迹我哪儿没参观过呢！
2. A：学校上星期就放假了。
   B：学校上星期已经放假了。
   C：学校上星期刚放假了。
3. A：这个消息我就听说。
   B：这个消息我已经听说。
   C：这个消息我刚听说。

六、造句：

Make sentences：

1. ……以来
2. 感到
3. 增长

4. 不是……而是……
5. 够
6. 放心
7. 看来
8. 刚

第四十七课　Lesson 47

生词　New Words and Expressions

1. 塔　　　　tǎ　　　　　　　（名）　tower
2. 捐　　　　juān　　　　　　（动）　donate
3. 当时　　　dāngshí　　　　（名）　at that time
4. 打(打井)　dǎ(dǎjǐng)　　（动）　dig (a well)
5. 井　　　　jǐng　　　　　　（名）　well
6. 建　　　　jiàn　　　　　　（动）　build
7. 层　　　　céng　　　　　　（量）　*measure word*
8. 湖光塔影　húguāng tǎyǐng　　　　the scenery of the lake and the tower
9. 要不是　　yàobushì　　　（连）　If it were not for
10. 校庆　　　xiàoqìng　　　　　　　anniversary of the founding of a school or college

11.	变化	biànhuà	（动）	change
12.	认	rèn	（动）	recognize
13.	座谈	zuòtán	（动）	discussion
14.	会	huì	（名）	meeting
15.	…之一	…zhīyī		one of
16.	西郊	xījiāo	（名）	western suburbs
17.	校园	xiàoyuán	（名）	campus
18.	亭(子)	tíng(zi)	（名）	pavilion
19.	台	tái	（名）	platform; stage
20.	阁	gé	（名）	pavilion
21.	优美	yōuměi	（形）	graceful; fine
22.	人物	rénwù	（名）	person
23.	例如	lìrú	（动）	for instance
24.	来	lái	（助）	ever since
25.	研究所	yánjiūsuǒ	（名）	research institute
26.	研究生院	yánjiūshēngyuàn		graduate school
27.	教学	jiàoxué		teaching
28.	留学生	liúxuéshēng	（名）	student studying abroad
29.	勤奋	qínfèn	（形）	diligent
30.	严谨	yánjǐn	（形）	rigorous
31.	求实	qiúshí	（动）	realistic (approach)

32. 创新　　　　chuàngxīn　　（动）　creative
33. 学风　　　　xuéfēng　　　（名）　style of study

专名　Proper Nouns

1. 未名湖　　　Wèimínghú　　　　Weiming Lake
2. 燕京大学　　Yānjīng Dàxué　　Yen King University
3. 北京大学　　Běijīng Dàxué　　Peking University
4. 五四时期　　Wǔsì Shíqī　　　Period of the May 4th Movement of 1919
5. 新文化运动　Xīnwénhuà Yùndòng　the New Culture Movement (around the time of the May 4th Movement of 1919)
6. 李大钊　　　Lǐ Dàzhāo　　　　Li Dazhao
7. 毛泽东　　　Máo Zédōng　　　Mao Zedong
8. 蔡元培　　　Cài Yuánpéi　　　Cai Yuanpei
9. 电教馆　　　Diànjiàoguǎn　　the Building of Modern Education Technology
10. 化学楼　　　Huàxuélóu　　　　the Chemistry Building
11. 文化中心　　Wénhuà Zhōngxīn　the Cultural centre
12. 张力　　　　Zhāng Lì　　　　*name of a person*

会话　Dialogues

未名湖

陈：小王，好久没去未名湖玩了，咱们下午四点去，好吗？
王：好啊。
　　（下午四点后，她们来到未名湖边）
王：你知道这座塔的名字吗？
陈：不知道叫什么名字，只知道是座水塔。
王：很多人不知道它的名字，它叫博雅塔，是一位姓博的人捐钱修建的。
陈：为什么把水塔修成古塔的样子呢？
王：当时，燕京大学的工人在这里打了一口水井，他们想在水井上边儿建一座水塔。可是，在这里建一座现代水塔很不好看，就建了一座古塔。一共十三层，高三十七米。
陈：湖光塔影，十分好看。
王：我们在这儿照一张相吧。
陈：太好了。

参加校庆

黄：老李，你好，多年不见了。
李：是啊，毕业已经二十多年了。要不是参加北大校庆，也许还见不了面呢。
黄：二十多年来，北大变化可大了，都快认不出来了。
李：图书馆、电教馆、化学楼、文化中心都是最近几年新建的。
黄：现在的学习条件比以前好多了。
李：你看前边谁来了？
黄：那不是张力吗？
张：你们好！我是来请二位参加座谈会的。
黄：好，我们去。

课文 Text

北京大学

北京大学是中国的重点大学之一，已经有九

十几年的历史了。

北京大学在北京的西郊。校园里亭台楼阁、湖光塔影,风景十分优美。

五四时期,北京大学是新文化运动的中心。许多有名的人物,例如蔡元培、李大钊、毛泽东等,都在这里工作过。

近几十年来,北京大学有了很大发展。现有二十九个系、三十六个研究所、三十一个研究中心和一个研究生院,另外还有一个对外汉语教学中心。全校共有大学生近万人,研究生三四千人,外国留学生一千多人。

"勤奋、严谨、求实、创新"是北京大学的传统学风。

注 释 Notes

"研究生三四千人,外国留学生六七百人",其中"三四千""六七百"都是概数,两个相临的数字连用,是概数的一种表达法。

"三、四千" and "六、七百" are all approximate numbers. Two numbers that are near each other can be put together, which is one usage of the approximate number.

语 法 Grammar

一、可……了

"可"是副词,"可+形容词+了"用来强调程度高,多用于口语。例如:

"可" is an adverb. "可+adjective+了" is used to emphasize a high degree. It is often used in spoken Chinese. E. g.

(1)她跳舞跳得可好了。

(2)北京的变化可大了。

(3)未名湖可漂亮了。

二、出来

"出来"常在动词后作复合趋向补语,表示方向。例如:

"出来" is often used as the complex directional complement after the verb denoting directions. E. g.

(1)他从教室里走出来了。

"出来"还有如下引申用法:

"出来" also has the following extended usages:

1. 表示事物从无到有。例如:

To show that something comes into existence. E. g.

(2)他画出来了一幅好画。

(以前没有画)

(There was no picture before.)

(3)我笑出声来了。

　　(以前没有笑出声)

　　(There was no laughing before.)

2.表示事物从隐蔽到暴露。例如：

To show that something becomes exposed. E.g.

(4)我认出来了，你是推销员。

(5)我想出来了，这个字是"水塔"的"塔"。

三、近

"近"除了表示距离以外，还有两个用法：

Apart from denoting distance."近" has two other usages：

1.表示由现在到过去的一段时间内。"来"常和"近"一起用。例如：

To show a period of time between now and the past. "来" is often used with "近" E.g.

(1)近一个星期，我身体一直不好。

(2)近三个月来，他天天早上跑步。

(3)近几十年来，北京大学有了很大发展。

2.表示接近某一个整数。例如：

To indicate a number that is close to a whole number. E.g.

(4)北京大学有近三十个系。

(5)他已经近四十岁了。

(6)有近百人参加了座谈会。

四、……以来/……来

这两个格式都可以表示从过去到现在的一段时间,但用法上略有不同:

Both structures can indicate a period from the past till the present, but they are used differently:

1."……以来"　　放在表示过去的某一个特指时间的词语之后。例如:

"…以来"is placed after the phrase that denotes a particular time in the past. E. g.

(1)到中国旅游以来,他已经去过许多城市了。

(2)学习汉语以来,他每天看中文报。

2."……来"　　放在表示时段的时间词语之后。例如:

"…来"is placed after the phrase that denotes a period of time, and this phrase is often a time word. E. g.

(3)十几年来,中国经济发展很快。

练习　　Exercises

一、根据拼音写出汉字:

Write out the phrases in Chinese character according to the following phonetic symbols:

húguāngtǎyǐng　　huánjìngyōuměi　　zhùmíngrénwù

xuéfēngyánjǐn　　xuéxíqínfèn　　　qiúshíchuàngxīn
zhòngdiǎndàxué　chuántǒngxuéfēng　wénhuàzhōngxīn

二、选词填空：

Select the correct words to fill in the blanks：

（一）捐　打　建　认　来

1. 那口井是什么时候_____的？
2. 他把自己的画_____给了国家。
3. 中国的小孩子从小开始_____字。
4. 最近几年北京新_____了几座桥。
5. 他是_____参加北大校庆活动的。

（二）优美　勤奋　严谨　求实　创新

1. 这个公园里风景十分_____。
2. 他的画比他老师的好，有_____。
3. 他是我们班里最_____的学生。
4. 我们老师讲课_____，从不马虎。
5. 我们需要_____的学风。

（三）例如　当时　……之一　要不是　座谈

1. 每当校庆的时候，学校都请老同学来校_____。
2. 颐和园（Yíhéyuán）是北京最优美的公园

　　　　　　_____。

　　3._____你提前告诉我，我差点儿忘了。

　　4.你来北京时，_____还没有地下铁路。

　　5.经济发展给中国带来了变化。_____，农民的生活水平提高了。

三、在下列句中填上量词：

Fill in the blanks with the appropriate measure words：

　　1.你看到河上那_____桥了吗？

　　2.我住在二十八楼三〇七号，在三_____。

　　3.山上有_____塔，一共九_____。

　　4.北大校园里有一_____湖。

　　5.工人们要在这里打一_____水井。

　　6.很多_____照片都是在湖边照的。

　　7.北京大学有三十几_____研究所。

四、用"可……了"完成句子：

Complete the sentences with "可…了"：

　　1.今天是校庆，_____。

　　2.他的女朋友长得_____。

　　3.护士经常要上夜班，工作_____。

　　4.山西人喜欢吃醋，_____。

5. 我去过那儿三次了，对那儿的情况_____。

五、用"出来"连句：

Combine the phrases into a sentence with "出来"：

1. 拿　　　一条裙子　　箱子
2. 设计　　桥
3. 研究　　新产品
4. 认　　　这个字
5. 看　　　你的意思
6. 跑　　　教室

六、用下面的词介绍一下你的学校：

Talk about your university by using the words given：

历史　　风景　　学生　　　研究生　　系　　　校庆
学风　　教学　　研究院　　建　　　　变化　　寒假
暑假　　图书馆

第四十八课　Lesson 48

生词　New Words and Expressions

1. 不见得　bùjiànde　　　　　　　not necessarily
2. 出去　　chūqu　　　　　　　　go out
3. 吹　　　chuī　　　（动）　　　boast
4. 厉害　　lìhai　　　（形）　　　terrible
5. 主要　　zhǔyào　　（形）　　　main
6. 内容　　nèiróng　　（名）　　　content
7. 提供　　tígōng　　　（动）　　　provide
8. 丰富　　fēngfù　　　（形）　　　rich
9. 信息　　xìnxī　　　（名）　　　information
10. 老人　　lǎorén　　（名）　　　old people
11. 解　　　jiě　　　　（动）　　　to divert（oneself from boredom）
12. 闷　　　mèn　　　　（形）　　　boring
13. 西餐　　xīcān　　　（名）　　　Westen-style food

14. 刀	dāo	（名）	knife	
15. 叉	chā	（名）	fork	
16. 筷子	kuàizi	（名）	chopsticks	
17. 切	qiē	（动）	cut	
18. (吃)下去	(chī)xiàqu		eat	
19. 夹	jiā	（动）	pick up	
20. 鸡蛋	jīdàn	（名）	egg	
21. 不如	bùrú	（动）	not as good as	
22. 场	chǎng	（量）	*measure word*	
23. 临	lín	（副）	just before	
24. 姑娘	gūniang	（名）	girl	
25. 惊讶	jīngyà	（形）	surprised	
26. 羞愧	xiūkuì	（形）	ashamed	
27. 胃	wèi	（名）	stomach	
28. 躺	tǎng	（动）	lie	
29. 邻居	línjū	（名）	neighbour	

会话　Dialogues

谈看电视

王：小高，你喜欢看电视吗？

高：不太喜欢。看电视节目虽然有意思，可是经常看电视就变懒了，活动也少了。

王：我看不见得。我看了广告节目，总是想出去买东西。

高：我就不喜欢广告节目。一是太多，二是吹得厉害。

王：现在许多家庭离不开电视，看电视成了家庭生活的主要内容。

高：这是因为电视给人提供丰富的信息，孩子长知识，老人也解闷。

吃西餐

陈：小张，你喜欢吃西餐吗？

张：喜欢，不过，我还不会用刀叉。

陈：这有什么难的？刀叉比筷子容易学。

张：不一定。切肉的时候，左手用叉子，右手用刀子。吃的时候，左手拿刀子，右手拿叉子，换来换去麻烦。

陈：吃西餐只能用刀叉，一大块肉不切成小块，你怎么吃下去？再说，不必换来换去。

张：比起来，筷子方便多了。

陈:筷子夹菜很方便,夹鸡蛋就难了,不如叉子方便。

张:现在我们一起去吃西餐,好吗?

陈:好。

课文　Text

姑娘和老人

　　前天晚上,我看了一场电影。故事的内容是:一位老年妇女临死前,把一大笔钱给了一位年轻姑娘。那位妇女的两个儿子在旁边又惊讶又羞愧。

　　原来,那位妇女七十岁时,得了胃癌,躺在床上起不来。她的两个儿子都不照顾她。邻居家的一位姑娘知道了,天天来照顾她,给她送水送饭。后来,又把她接到自己家里。老人在那位姑娘家里住了一年多,姑娘就像女儿一样照顾她。但是老人的两个儿子就像没有这位母亲一样,连看也不来看她。

注 释 Notes

1. "我看不见得","不见得"意思是"不一定"。

"不见得" means "not necessarily".

2. "比起来",表示比较,比较以后得出的结论和看法放在"比起来"的后面。("起来"的引申用法见49课。)

"比起来" means to make a comparison. The conclusion and opinion resulted from the comparison is placed after "比起来。" (See Lesson 49 for the extended usage of "起来".)

语 法 Grammar

一、V 来 V 去

这个格式表示动作多次重复,V 一般是同一个动词。例如:

The structure indicates a repeated action. The repetition usually refers to the same action. E.g.

(1)我想来想去,不知道怎么回答他。

(2)换来换去,太麻烦了。

二、一是……,二是……

这个句型用来列举原因或条件,在列举之前要先说明情况。例如:

This sentence pattern is used to list reasons or conditions.

An explanation of the situation is necessary before the listing.
E.g.

(1)我要去杭州一趟,一是欣赏欣赏西湖的风景,二是吃吃西湖的醋鱼。

(2)许多外国人都喜欢吃中餐,一是中餐很好吃,二是用筷子吃饭很有意思。

三、临

"临"表示动作将要发生,常用在动词前。

The preposition "临" indicates that an action is going to take place, and it is often used before the verb.

1. 临＋V＋前(以前)　　例如:

(1)他临走前,参观了这个画展。

(2)老奶奶临死以前什么话也没说。

2. 临＋V＋时(的时候)　　例如:

(3)临睡时,他把门都关好了。

(4)他临上车的时候送给我一件礼物。

四、比较句(五)　不如

The comparative sentence (V) 不如

表示一个事物比不上另一个,也可以用"不如"。用"不如"的比较句有两种基本格式:

"不如" may be used to indicate that something is not as good as another one. A comparative sentence that employs "不

如" has two basic structures:

1. A 不如 B

A is not as good as B

A 和 B 可以是代词、名词、名词词组或动词词组。例如：

A and B can be pronouns, nouns, noun phrases or verbal phrases. Example:

(1)我不如他。

(2)这本词典不如那本(词典)。

(3)在家睡觉不如出去晒太阳。

2. A 不如 B+形容词/动词/动词词组。例如：

A is not as good as B + adjective/verb/verbal phrase. E.g.

(4)冬天上海不如北京冷。(形容词)　(adjective)

(5)他不如我爱玩/睡觉。(动词/动词词组)

(verb/verbal phrase)

在形容词或动词前常用"那么"。例如：

"那么" is often used before the adjective or the verb. E.g.

(6)她不如她姐姐那么漂亮。

(7)看电视不如看电影那么有意思。

练习　Exercises

一、读词组：

Read the following phrases：

1. 热得厉害　　病得厉害　　忙得厉害
2. 主要工作　　主要问题　　主要城市
3. 生活内容　　学习内容　　主要内容
4. 提供条件　　提供房子　　提供信息
5. 丰富的内容　丰富的生活　丰富的食品

二、选词填空：

Select the correct words to fill in the blanks：

(一) 吹　　解　　切　　夹　　躺

1. 他_____在草地上。
2. 喝一点儿水真_____渴。
3. 他_____了一块肉吃了起来。
4. 用筷子_____菜很方便。
5. 他喜欢向别人_____自己。

(二) 厉害　　主要　　丰富　　羞愧　　惊讶　　提供

1. 我们的_____工作是发展经济。

2. 这次考试他没考好，为自己的成绩感到_____。

3. 他病得很_____。

4. 听了他说的话，我很_____。

5. 旅行社为大家_____交通工具。

6. 我们暑假的活动内容很_____。

(三)不如　　不见得

1. 他的学习成绩_____我。

2. 他_____愿意去。

3. 我唱歌_____他唱得好。

4. 他唱歌_____比我好。

三、在下列句子中填上"出去"或"下去"：

Fill in the blanks with "出去" or "下去"：

1. 水果应该洗了再吃，不洗干净就吃_____会得病的。

2. 你把他的行李从车上拿_____。

3. 我上午在家，下午_____。

4. 你从这儿_____就到了地下铁道。

四、用"一是……，二是……"完成下列句子：

Complete the sentences with "一是…，二是…"。

1. 我来中国，＿＿＿＿＿＿＿＿＿＿＿＿。

2. 我不想当售货员，＿＿＿＿＿＿＿＿＿＿。

3. 小王要买一辆名牌自行车，＿＿＿＿＿＿＿。

4. 许多中国老人喜欢早起，＿＿＿＿＿＿＿。

五、用"V 来 V 去"回答：

Answer the questions with "V 来 V 去" structure：

1. 你打算和他一起去参加今天晚上的舞会吗？
（想）

2. 电视节目有意思吗？（看）

3. 这个讲座内容丰富吗？（讲）

4. 今天晚上还吃西餐好吗？（吃）

六、用"临"完成句子：

Complete the sentences with "临"：

1. 你＿＿＿＿＿＿，一定给我打个电话。

2. 妈妈对我说＿＿＿＿＿＿。

3. 小王＿＿＿＿＿＿，把门都关好了。

4. 玛丽＿＿＿＿＿＿，我们大家一起吃了顿饭。

七、介绍一个你看过的电影。

Talk about a film you have seen.

第四十九课　Lesson 49

生词　New Words and Expressions

1. 开放　　kāifàng　　（动）　open
2. 待　　　dài　　　　（动）　treat
3. 热情　　rèqíng　　 （形）　warm
4. 保守　　bǎoshǒu　　（形）　conservative
5. 好客　　hàokè　　　（形）　hospitable
6. 接受　　jiēshòu　　（动）　accept
7. 其他　　qítā　　　 （代）　other
8. 多数　　duōshù　　 （名）　majority
9. 日子　　rìzi　　　 （名）　day
10. 治　　　zhì　　　　（动）　treat; cure
11. 精神　　jīngshen　 （名）　vigour; vitality
12. 生命　　shēngmìng　（名）　life
13. 在于　　zàiyú　　　（动）　lie in
14. 同意　　tóngyì　　 （动）　agree

15. 一生	yīshēng	（名）	all one's life
16. 活	huó	（动）	live
17. 静	jìng	（形）	still; calm
18. 好处	hǎochù	（名）	good; benefit
19. 与	yǔ	（连）	and
20. 长寿	chángshòu	（名）	longevity
21. 秘密	mìmì	（名）	secret
22. 经验	jīngyàn	（名）	experience
23. 倒	dào	（副）	*modal adverb*
24. 步	bù	（名）	(go for a) walk
25. 另	lìng	（形）	another
26. 饱	bǎo	（形）	full
27. 丑	chǒu	（形）	ugly
28. 哈哈	hāhā	（象声）	*onomatope (to discribe laughter)*

会话 Dialogues

性格不同

方：我发现南方人和北方人性格很不相同。
张：有什么不同？

方：南方人性格比较开放、活泼,待人热情,喜欢说话;北方人比较保守,虽然也很好客,可是不如南方人那么喜欢说话。

张：你说得不完全对,北京人就很开放。

方：有什么道理?

张：北京是大城市,又是首都,人们接受新的信息很方便。

方：不过,除了大城市,北方其他地方的经济不如南方发达,多数人的性格不如南方人开放。

生命在于运动

李：老王,有些日子没见了,你的身体好了吗?

王：好多了,谢谢你的关心。这半年我没少锻炼。

李：看起来,锻炼也治病,你的精神比以前好多了。

王：那是。"生命在于运动"这句话很有道理。

李：不过,有人不同意这种说法。有的人一生不运动,活的时间也很长。动和静对身体都有好处。

王：这样说也有一定的道理。不过,活动与不活动就是不一样。

课文 Text

长寿的秘密

古时候,泰山脚下住着三位老人,都年近百岁,但看起来,倒像年轻人。

一天,三位老人坐在一块大石头上,谈天说地,互相介绍自己的长寿经验。一位九十六岁的老人说:"饭后百步走,活到九十九。每顿饭后,散散步。"另一位九十八岁的老人说:"有道理。我的经验是每天吃饭不要吃饱,少吃一点就可以了。"最后一位九十九岁的老人说:"少吃一口也容易也不容易。我能活到九十九,只因老伴长得丑。"说完,三位老人哈哈大笑起来。

注 释 Notes

1. "有道理",表示肯定某事或某种说法合乎情理、让人信服。"有道理" means to affirm that something or a saying is reasonable and convincing.

2. "我没少锻炼"以否定形式"没少"来强调"多",意思是"我锻炼并不少",即"我锻炼得很多"。其他如:"我没少缺课""他没少看电影"。

The negative word "少" in the sentence "我没少锻炼" means "多" It implies that "I have done a lot of exercises"。Other examples are "I missed quite a few lessons." and "He saw a lot of films。"

语　法　Grammar

一、下去

"下去"的用法是:

"下去" is used as follows:

1. 作复合趋向补语,表示动作的方向。例如:。

As a complex directional complement to indicate the direction of an action.

(1)他从楼上跑下去了。

(2)我把衣服从楼上扔下去了。

2. 表示动作继续进行:

To indicate that an action will continue.

(3)请说下去。

(4)我还要在这里住下去。

二、起来

"起来"的用法有：

"起来" is used as follows：

1. 作复合趋向补语，表示动作的方向。例如：

As a complex directional complement to indicate the direction of an action

(1)你站起来！

2. 表示动作开始并继续。例如：

To indicate that an action has taken place and will continue：

(2)三位老人哈哈大笑起来。

(3)雨已经下起来了。

3. V＋起来 有"when…"的意思，它的后面必须有说话人得出的看法、评价、结论等。例如：

V＋起来 It implies "when…". It must be followed by the speaker's opinion, comment or conclusion. E.g.

(1)说起来容易做起来难。

(2)比较起来，我更喜欢南方的气候。

(3)看起来锻炼也能治病。

三、倒

副词，表示跟意料相反。例如：

It is an adverb denoting sth. not as expected. E.g.

(1)你是北方人，倒喜欢吃甜的。

(2)他已经八十多岁了,看起来倒像六十多岁。

练习　Exercises

一、读词组：

Read the following phrases：

1. 开放城市　经济开放　需要开放
2. 接受礼物　接受知识　接受帮助
3. 同意去　　同意结婚　同意参加
4. 热情参加　热情帮助　热情欢迎
5. 经验丰富　没有经验　重要经验

二、选词填空：

Select the correct words to fill in the blanks：

待　治　活　饱　丑　近　像

1. 他长得多_____他的父亲啊！
2. 哪个姑娘都不愿意别人说她_____。
3. 他得的这种病不好_____。
4. 他_____我像老朋友一样。
5. 那位老人_____了一百岁了。
6. 饭不要吃得太_____。

7. 参加比赛的同学_____千人。

三、选词填空：

Select the correct words to fill in the blanks：

(一) 开放 保守 在于 精神 接受 经验 秘密

1. 今天他的_____非常好。

2. 青年学生的思想都很_____。

3. 生命_____运动。

4. 老人有丰富的生活_____。

5. 你的想法太_____了。

6. 这是我的_____，不能告诉你。

7. 你的想法不实际，我们很难_____。

(二) 与 和 日子 时间 另 其他 倒 却

1. 《战争_____和平》这本书你知道吗？

2. 纸_____笔都准备好了。

3. 你有_____吗？咱们谈谈好吗？

4. 他走了有些_____了。

5. 我们没请他，他_____来了。

6. 他一个人回来了，_____的人都没回来。

7. 我问他，他_____说不知道。

8. 你说的是_____一回事，不是这件事。

四、用"倒"完成句子：

Complete the sentences with "倒"：

1. 他是南方人，_____。
2. 他是中国人，_____。
3. 她住的屋子不太大，_____。
4. 你是这儿的主人，怎么_____。

五、用"起来"完成句子：

Complete the sentences with "起来"：

1. 我一天没吃饭，一到家_____。
2. _____，我更喜欢吃西餐。
3. 听到这个好消息，大家_____。
4. 老师走进教室，同学们都_____。

六、用下列词语介绍一个人的性格、特点：

Talk about the character of a person you know：

开放	热情	活泼	好客	客气	能干
聪明	饮食习惯	运动	锻炼职业	爱好	感兴趣
勤奋	保守	冷淡	厉害	马虎	

第五十课　Lesson 50

生词　New Words and Expressions

1. 话剧　　huàjù　　　　（名）　modern drama
2. 表演　　biǎoyǎn　　　（动）　perform;
3. 通过　　tōngguò　　　（介）　by means of
4. 表现　　biǎoxiàn　　　（动）　display; show
5. 老头　　lǎotóu　　　　（名）　old man
6. 小伙子　xiǎohuǒzi　　　（名）　lad; young fellow
7. 摆　　　bǎi　　　　　（动）　wave
8. 迟到　　chídào　　　　（动）　late
9. 醒　　　xǐng　　　　　（动）　wake up
10. 困　　　kùn　　　　　（形）　sleepy
11. 市场　　shìchǎng　　　（名）　market
12. 超级市场　chāojí shìchǎng　　supermarket
13. 农贸市场　nóngmào shìchǎng　farming-trade market

14. 类	lèi	（量）	measure word	
15. 不但	bùdàn	（连）	not only	
16. 而且	érqiě	（连）	but also	
17. 好像	hǎoxiàng	（动）	seem	
18. 自选	zìxuǎn	（动）	choose by oneself	
19. 农(农业)	nóng (nóngyè)	（名）	agriculture	
20. 副(副业)	fù (fùyè)	（名）	sideline (production)	
21. 帽(子)	mào(zi)	（名）	hat; cap	
22. 夜市	yèshì	（名）	night market	
23. 黑市	hēishì	（名）	black market	
24. 非法	fēifǎ	（形）	illegal	
25. 营业	yíngyè	（动）	do business	

会话　Dialogues

我就不喜欢话剧

马：小高，昨晚的话剧你看了吗？
高：看了。真有意思。
马：我倒不觉得好，演员表演得很简单，动作也没什么变化。

高:话剧就是这样,人物的性格主要是通过语言来表现的。
马:你看,老头总是抽烟,姑娘就爱哭,小伙子一急就摇头摆手。
高:这就是表演嘛!人物的性格不同,他们的动作就不一样,这不是很精彩吗?
马:我就是不喜欢话剧,电影比话剧好看多了。

少喝点儿咖啡

李:小马,你怎么又迟到了?
马:我晚上睡得晚,早上醒不了。
李:你晚上几点睡?
马:差不多一点多。
李:你为什么睡得那么晚?
马:我喝了咖啡就睡不着了。
李:你不会不喝咖啡吗?
马:不喝咖啡九点就困了。
李:可以喝点茶。咖啡喝多了没好处。
马:是吗?那么我以后得少喝点儿咖啡了。

课文　Text

逛市场

田：小丁，你喜欢逛市场吗？
丁：喜欢啊。可市场多了，菜市场，超级市场，自由市场，农贸市场，不知你说的是哪类市场？
田：看来，你真没少去呀！
丁：我常去菜市场，不但知道一年四季都有什么菜，而且还知道那些菜怎么做。
田：你说的超级市场，我好像在北京没见过。
丁：北京不叫超级市场，叫自选市场。
田：你说的自由市场和农贸市场是不是一回事？
丁：农贸市场主要卖农副产品。自由市场除了卖农副产品，也卖衣服鞋帽什么的。
田：还有别的市场吗？
丁：除了这些，还有夜市。
田：什么？夜市？我只听说有黑市。
丁：黑市是非法的，夜市是晚上在大街两旁营业的市场。

注 释 Notes

"自由市场和农贸市场是不是一回事","一回事"意思是"一样的事"。

"一回事"in this sentence means "the same thing".

语 法 Grammar

一、不……不

两个"不"连用,是双重否定,表示肯定的意思。第一个"不"的后面常用能愿动词。例如:

When two "不" are use together, it is double negative denoting an affirmation. An optative verb is often used after "不。"

(1)他不会不来。

　　(一定来　　will surely come)

(2)我不能不告诉他。

　　(一定要告诉他　　will surely tell him)

(3)你不应该不知道这件事。

　　(应该知道　　should know)

二、不但……而且……

"不但…而且…" not only … but also …

使用这个句型要特别注意主语的位置。

Special attention should be given to the position of the subject in the sentence.

1. 前后两个分句的主语相同,主语在"不但"前,即在全句前。

When both clauses have the same subject, the subject is placed before "不但"; that is, before the whole sentence.

S 不但……,而且……。 例如:

S 不但……,而且……. E.g.

(1)我不但去过中国,而且已经去过三次了。

(2)他不但会说中文,而且会说日文。

2. 前后两个分句的主语不同,两个主语分别在"不但"和"而且"之后。

When they are different in the two clauses, the two subjects should be placed after "不但" and "而且" respectively.

不但 S_1……,而且 S_2……。 例如:

不但 S_1……,而且 S_2……. E.g.

(3)不但我去过中国,而且他也去过。

(4)不但他会说中文,而且他弟弟也会说中文。

三、补语小结

我们已经学过四种补语:

We have learned four types of complements:

1. 结果补语

　The complement of result

　a. 动词+动词　verb+verb

　　看到　　吃完　　听见

b. 动词＋形容词　verb＋adjective

　　吃饱　　　穿好　　　擦亮

否定式是在动词前加"没"。例如：
In its negative form,"没" is placed before the verb. E.g.

　　没看到　没吃饱

2. 程度补语　The complement of degree

这种补语要用"得"，能充任程度补语的词语有：

　This type of complements needs "得" in the structure. Phrases that can function as complements of degree are as follows：

　a. 形容词　adjective

　　起得早　　　跑得快

　b. 副词　adverb

　　好得很

　c. 代词　pronoun

　　玩得怎么样

　d. 形容词词组　adjectival phrase

　　画得很活　　　起得不早

　e. 动宾词组　verb-object phrase

　　讲得有道理　　　气得不吃饭

　f. 主谓词组　subject-predicate phrase

　　笑得肚子疼

　g. 形容词重叠＋的　reduplicated adjective＋的

　　擦得亮亮的

程度补语的否定式一般是在"得"后加"不"。例如：

In the negative form of the complement of degree, "不" is often added after "得." E.g.

起得不**早**　　玩得不**痛快**

3. 趋向补语　The directional complement

a. 动词＋简单趋向补语

　Verb＋simple directional complement

　(1) 走**进**　　　爬**上**

　(2) 走**进**教室　爬**上**山顶

　　　　（有处所宾语）
　　(There is an object denoting place)

b. 动词＋复合趋向补语

　Verb＋complex directional complement

　(1) 走**进来**　　　爬**上去**

　(2) 走**进**教室**来**　爬**上**山**去**

　　　　（有处所宾语）
　　(There is an object denoting place.)

　(3) 买**回来**一本书
　　　买**回**一本书**来**

　　　（有一般宾语）
　　(There is an ordinary object.)

否定形式同结果补语，也是在动词前加"没"。例如：

Like the complement of result, the negative form of the directional complement is also preceded by "没". E.g.

没爬**上去**　　没走**进**教室

4. 可能补语　The complement of possibility

可能补语也要用"得",形式有：

The complement of possibility also takes "得." Its structure is as follows：

a. 动词＋得＋动词　verb＋得＋verb

写得完　　看得懂　　吃得了

b. 动词＋得＋形容词　verb＋得＋adjective

写得好　　看得清楚

否定式是把"得"换成"不"。例如：

In its negative form "得" is replaced by "不," for example

写不完　　看不清楚

	意义 function	肯定形式 affirmative	否定形式 negative
结果补语 complement of result	表示结果 denoting result	看到 吃饱	没看到 没吃饱
程度补语 complement of degree	表示程度 denoting degree	起得早 笑得肚子疼	起得不早 ——
趋向补语 directional complement	表示动作方向 denoting the direction of an action	走进教室 走进教室来	没走进教室 没走进教室来
可能补语 complement of possibility	表示能够、可以 denoting possibilities	写得完 看得清楚	写不完 看不清楚

四、状语小结

A brief summary of adverbials

状语出现在动词、形容词的前面,主要有：

Words that modify or define the verb or the adjective are adverbials. They appear before the verb or the adjective.

1. 副词　　Adverbs

　　已经走了　　（在动词前）(before the verb)

　　很漂亮　　　（在形容词前）(before the adjective)

2. 介词词组　　Prepositional phrases

　　对他笑了笑　　从上海来

3. 时间词（词组）　　Time words (phrases)

　　八点上课

　　来中国以前没学过中文

4. 单音节形容词　　Monosyllabic adjective

　　快走　　早睡早起

5. 代词　　Pronouns

　　怎么去　　这么快

以上状语和中心语之间不用加结构助词"地"。

Between the above adverbials and central words, there is not the need to add constructive auxiliary word "地".

6. 双音节形容词及重叠式

The diasyllabic adjectives and the reduplicated form

　　冷淡地说　　满意地走了

　　舒舒服服地生活

7. 各种动词性词组

All kinds of verbal phrases

　　非常客气地说

有计划地学习

以上状语和中心语之间必须加"地"。

The word "地" must be added between the above adverbials and central words.

8. 单音节形容词的重叠式

The reduplication of the monosyllabic adjectives：

慢慢(地)走　　好好(地)说

单音节形容词的重叠式作状语用不用"地"都可以。

The reduplication of monosyllabic adjectives can either have "地", or omit it.

练习　Exercises

一、读词组：

Read the following phrases：

1. 精彩表演　　表演节目　　表演艺术
2. 通过大桥　　通过考试　　通过介绍
3. 表现生活　　表现自己　　主要表现
4. 超级市场　　自选市场　　菜市场
5. 非法活动　　非法营业　　非法买卖

二、选词填空：

Select the correct words to fill in the blanks：

(一)表演　表现　通过　营业　迟到　好像

1. 昨天晚上的京剧_____得很精彩。
2. 那家菜市场的_____时间是从早上七点到晚上七点。
3. 我们是_____朋友介绍才认识的。
4. 学生要遵守上课时间,不应该_____。
5. 作家通过写小说来_____生活。
6. 从他的表演看,他_____上过艺术学校。

(二)摆　醒　困

1. 商店里_____满了生活用品。
2. 夏天中午不睡觉太_____了。
3. 他睡了三个小时还没_____。

三、在下列句子中填上适当的连词:

Fill in the blanks with the appropriate conjunctions:

1. 他_____大学毕业了,_____考上了研究生。
2. 他学会了唱京剧,_____唱得还不错。
3. _____他喜欢话剧,我也喜欢话剧。
4. 这里_____有农贸市场,_____有夜市。

四、用"不……不"改写句子：

Rewrite the sentences with "不 V 不":

1. 他一定会去的。
2. 你们应该来看这个话剧。
3. 我一定会给你打电话的。
4. 他会明白这个道理的。

五、找出下列句中的补语：

Point out the complements in the following sentences.

1. 你的话说得很有道理。
2. 这个老人每天都起得很早。
3. 我说的话你们听得清楚吗？
4. 大家一起爬上了山。
5. 这本小说我已经看完了。
6. 他没买回来今天晚上要吃的菜。
7. 你明天去得了吗？
8. 三位老人哈哈大笑起来。

六、用适当的状语填空：

Fill in blanks with appropriate adverbials:

1. 老师_____对我说："你不应该上课迟到"。

2. 暑假，我要_____玩。
3. 马路上人太多，你要_____骑车。
4. 我的朋友昨天_____回国。
5. 你是_____来的吗？
6. 请你_____关上。
7. 你来得怎么_____快？
8. 那个地方我_____去过三次了。
9. 我_____没学过中文。
10. 我妈妈习惯每天_____睡_____起。

第五十一课　Lesson 51

生词　New Words and Expressions

1. 喂　　　wèi　　　　（叹）　　hello; hey
2. 地震　　dìzhèn　　（名）　　earthquake
3. 灾民　　zāimín　　（名）　　victims of a natural calamity
4. 募捐　　mùjuān　　（动）　　donate
5. 演出　　yǎnchū　　（动、名）performance; show
6. 一向　　yīxiàng　　（副）　　all along
7. 救　　　jiù　　　　（动）　　send relief (to a disaster area)
8. 灾　　　zāi　　　　（名）　　calamity; disaster
9. 劳动　　láodòng　　（动）　　work
10. 挣　　　zhèng　　　（动）　　earn
11. 学费　　xuéfèi　　（名）　　tuition fee

12. 怎样	zěnyàng	（代）	how
13. 复习	fùxí	（动）	review
14. 旧	jiù	（形）	old; past
15. 预习	yùxí	（动）	prepare
16. 危机	wēijī	（名）	crisis
17. 依靠	yīkào	（动）	rely on
18. 靠	kào	（动）	rely on
19. 看法	kànfa	（名）	opinion
20. 独立	dúlì	（动）	independent
21. 改变	gǎibiàn	（动）	change
22. 认为	rènwéi	（动）	think
23. 成就	chéngjiù	（名）	achievement
24. 多(么)	duō(mo)	（副）	how; what
25. 能够	nénggòu	（能愿）	can

专名 Proper Nouns

丽丽　　Lìli　　　　*name of a person*

会话　Dialogues

关心救灾事业

李：喂，小王，这几天有为地震灾民募捐的演出，你感不感兴趣？
王：我一向关心救灾事业，能不感兴趣吗？
李：我们都应该为灾民做点儿事。
王：咱们现在就去买票吧。
李：好，去晚了就买不上了。

自己劳动挣学费

A：就要放暑假了，你打算怎样安排这个假期？
B：我打算用一部分时间学习，先复习复习旧课，再预习一些新课。
A：另一部分时间呢？
B：我打算找个工作挣点儿钱。
A：你爸爸是经理，你还能有"经济危机"？
B：我爸爸是我爸爸，我是我。我都十八岁了，不能总是依靠父母生活。我要靠自己的双手,通过劳动挣学费。
A:我同意你的看法,我们都应该早点儿独立。

父女对话

父亲:丽丽,今年没考上没关系,明年还有机会。
女儿:不,明年我不打算再考了。
父亲:你改变主意了,不想上大学了?
女儿:我不想再依靠你们了。我要找个工作,一边工作一边学习。我认为只要努力,会有成就的。
父亲:你说得有道理,我支持你。

课文 Text

不靠父母靠自己

丽丽多(么)想当一个大学生啊!可是她考了两年都没考上。还要不要考下去呢?父母对她说,只要她愿意,考几次也没关系。她父亲是经理,她母亲也有工作。她是独生女儿,在经济上她没有什么危机。可是她都二十多岁了,应该能够靠自己的劳动生活了。她认为,只要自己努力,一边工作一边学习,也会有成就的。父母都很支持她。

语 法 Grammar

一、"上"作补语

"上"as a complement

"上"常放在动词后作结果补语或可能补语,表示:

"上" is often placed after the verb as a complement of result or a complement of possibility. It can denote the followings:

1. 由低处向高处。

From a lower position to a higher position

(1) 飞机飞上了天。

(结果补语)(complement of result)

(2) 你爬得上长城吗?

(可能补语)(complement of possibility)

2. 达到目的。To achieve a purpose

(3) 我订上了去上海的飞机票。

(结果补语)(complement of result)

(4) 他考得上大学吗?

(可能补语)(complement of possibility)

3. 动作开始并继续。

An action has taken place and will continue.

(5)他爱上了她。

(结果补语)(complement of result

(6)你怎么又抽上烟了?

(结果补语)(complement of result)

二、A 是 A,B 是 B

这个格式表示两件事不同,不能相混:

This construction indicates that the two things are different, and should not be confused:

1. "是"字前后为名词或代词。例如:

Both the words before and after "是" are nouns or pronouns. E.g.

(1)我爸爸是我爸爸,我是我。

(2)北京是北京,上海是上海,两个城市很不一样。

2. "是"字前后为动词。例如:

Both the words before and after "是" are verbs. E.g.

(3)这个人说是说,做是做,说的和做的不一样。

(4)他玩是玩,学习是学习,休息是休息,每天的时间都安排得很好。

三、多(么)……啊

"多么……啊"也作"多……啊",表示感叹:

"多么…啊"is the same as "多…啊". It is an exclamation.

1. 多(么)+形容词+啊
   多(么)+adjective+啊

(1)这个孩子长得多可爱啊!

(2)丽丽考上了大学,父母多高兴啊!

(3)把这么多生词都记住,多不容易啊!

2. 多(么)+动词(+宾语)+啊
   多(么)+verb(+object)+啊

(4)他对我们多关心啊!

(5)他多想去中国旅行啊!

(6)这个电影多有意思啊!

(7)我们多不愿意离开这里啊!

练习 Exercises

一、读词组:

Read the following phrases:

1. 演出节目 演出话剧 参加演出
2. 预习生词 预习课文 提前预习

3. 经济危机　社会危机　出现危机
4. 依靠父母　依靠自己　依靠国家
5. 生活独立　国家独立　要求独立
6. 改变计划　改变时间　改变性格

二、选词填空：

Select the correct words to fill in the blanks：

(一) 救　挣　靠

1. 他每月_____多少钱，谁也不知道。
2. 在家_____父母，出门____朋友。
3. 他_____起了一个落水小孩。

(二) 演出　募捐　预习　靠　改变　认为

1. 他总是_____自己什么都好。
2. 农民_____什么管理农业生产？
3. 我们必须_____过去的保守看法。
4. _____来的钱都送到灾民手里去了。
5. 明天的课我还没_____呢！
6. 我们要_____自己的双手改变生活。
7. _____几点开始？

三、在下列句子中填上适当的词：

Fill in the blanks with a appropriate word：

1. 他_____不爱看演出。
2. 他能够有这么大的成就主要_____勤奋。
3. 要学习好,不但上课前要预习,而且下课后要_____。
4. 你对丽丽不再考大学有什么_____?

四、用"V 上"改写句子:

Rewrite the sentences with "V 上":
1. 他住新楼了。(住)
2. 我已经买了去上海的火车票了。(买)
3. 你怎么又开始抽烟了?(抽)
4. 要下雨了,别忘了拿雨伞。(拿)
5. 你的衣服扣子没扣。(扣)
6. 请关门。(关)
7. 他已经坐飞机走了。(坐)
8. 请在鱼里放一点儿醋。(放)

五、用"A 是 A,B 是 B"完成句子:

Complete the sentences with "A 是 A,B 是 B"structure:
1. _____,我们俩是两个人。
2. _____,中餐和西餐味道很不一样。

3. 你不要_____,说和做不一样。

4._____,两个城市很不同。

六、用"多(么)…啊"完成句子:
Complete the sentences with "多么…啊":

1. 今天的天气_____!
2. 丽丽当上了售货员,她_____!
3. 听说这个话剧很有意思,我_____!
4. 能为灾民做点儿事,是_____!
5. 她今年夏天就要毕业了,_____!

七、完成句子:
Complete the sentences:

1. 我主张_____。
2. 他认为_____。
3. 丽丽觉得_____。
4. 老师希望_____。
5. 父母认为_____。

第五十二课 Lesson 52

生词 New Words and Expressions

1. 日语 rìyǔ （名） Japanese
2. 外文 wàiwén （名） foreign language
3. 打字 dǎ zì type
4. 保证 bǎozhèng （动） guarantee
5. 速度 sùdù （名） speed
6. 共同 gòngtóng （形） common
7. 新鲜 xīnxian （形） new; fresh
8. 事物 shìwù （名） thing
9. 取得 qǔdé （动） gain
10. 岁数 suìshu （名） age
11. 年轻 niánqīng （形） young
12. 招待 zhāodài （动） treat (guests)
13. 大方 dàfang （形） generous
14. 让（让菜） ràng(ràngcài) （动） offer (a dish)

15. 使	shǐ	（动）	make
16. 感动	gǎndòng	（动）	move
17. 美味	měiwèi	（名）	delicious
18. 浪费	làngfèi	（动）	waste
19. 可惜	kěxī	（形）	pity
20. 谦虚	qiānxū	（形）	modest
21. 无论	wúlùn	（连）	no matter
22. 优点	yōudiǎn	（名）	merit
23. 受	shòu	（动）	receive
24. 甚至	shènzhì	（连）	even
25. 骄傲	jiāo'ào	（形）	arrogant
26. 缺点	quēdiǎn	（名）	shortcoming
27. 理解	lǐjiě	（动）	understand
28. 花（花钱）	huā(huāqián)	（动）	spend（money）
29. 雇	gù	（动）	hire
30. 既……又……	jì…yòu…		both…and…

会话 Dialogues

她很能干

A：我给你们公司介绍的女秘书怎么样？
B：这个人很不错,又热情又能干。
A：她怎么能干？
B：英语、日语她都懂,中外文打字她全会,字也写得漂亮极了。什么事都保证干得速度快、质量好。
A：还有,什么舞她全会跳。
B：真的？下次舞会我一定请她跳。

我喜欢她的性格

A：你为什么喜欢她？
B：我们俩除了有共同的爱好以外,我还喜欢她的性格。
A：她的性格有什么特点？
B：热情、活泼,接受新鲜事物特别快。

A:她喜欢你什么?
B:她说我聪明、能干,从来不满足已经取得的成绩。

中国人非常热情

A:你去过中国,了解中国人的性格吧?
B:中国人非常热情,喜欢帮助人。岁数大的人比较保守,年轻人大多数都很开放。
A:听说他们招待客人大方得很。
B:对,他们招待客人时,饭菜总是摆满一桌子,还要热情地给客人让酒让菜,使客人吃得饱饱的。
A:你习惯他们的热情招待吗?
B:我一直不太习惯。他们的热情实在让人感动,但是那么多的美味食品,如果吃不了就是浪费,多可惜呀!

课　文　Text

谈性格

　　每个人有每个人的性格,每个国家的人也都有他们的性格特点。中国人的性格和美国人就很不一样。中国人聪明、勤奋,同时又很谦虚。一个中国人无论怎么能干,干得多么有成就,他也还是说"我不行","没干什么","还差得远呢"。在中国,谦虚被认为是人的优点,谦虚的人很受欢迎。要是有人说自己多么能干,什么都干得好,他就太不谦虚了,甚至被认为是骄傲的表现。骄傲是人的缺点,这样的人在中国是不受欢迎的。美国人对中国人的谦虚不能理解。在美国,你不介绍自己多么能干,总是说自己这也不会、那也不行,你就别想找到工作了。谁愿意花钱雇那些既不能干、又干不好的人呢?

注　释　Notes

　　"摆满一桌子","满"作动词"摆"的结果补语;"一桌子"意思是整个桌子。还可以说"坐满一屋子(学生)""站满一车(人)"。

The word "满" is the complement of result of the verb "摆". "一桌子"means the whole table. It is also correct to say "坐满一屋子(学生)"and "站满一车(人)".

语 法 Grammar

一、什么……＋都/也

强调全部如此,没有例外时,可以用"什么……＋都/也"这个格式。"什么"后面常放名词,主语可以自由地出现在"什么＋名词"的前后。例如:

When emphasizing no exception, the structure "什么…＋都/也"can be used. "什么"is often followed by a noun, and the subject can appear either before or after "什么＋noun". E. g.

(1)他什么舞都会跳。

(2)什么地方的产品北京都买得到。

否定式中常常用"也",否定词"不/没"用在"也"后,主语常在句首。例如:

"也"is often used in the negative form. The negative words "不/没"is used after "也."The subject is often placed at the beginning of the sentence. E. g.

(3)他什么爱好也没有。

(4)我什么酒也不喝。

"什么"后边也可以不加名词,单独使用。例如:
"什么"can be used alone, omitting the noun after it. E.g.

(5)这个孩子什么也不喜欢。

(6)什么你也不能告诉他。

二、疑问代词的非疑问用法

The interrogative pronoun functions as a non-interrogative.

有时疑问代词不表示疑问,而是指代任何人、任何事或任何方式,强调没有例外。"什么……都/也"也是其中的一种。其他如:

Sometimes the interrogative pronoun does not suggest a question; it refers to anybody, anything or any method, emphasizing no exception. "什么…都/也" is one such interrogative pronoun. Others are as follows:

1. 谁

(1)已经八点了,可是谁也不去上课。

(2)我的意见谁都不同意。

2. 怎么

(3)这个字无论怎么写都写不好。

(4)怎么让他唱他也不唱。

3. 哪

(5)他得的病哪个大夫也治不了。

(6)这几件衣服哪一件也不合适。

三、无论……都/也……

表示在任何条件下,情况、结果都不会变。"无论"之后一定要有疑问代词"谁、什么、怎么、哪儿、哪、怎么样",有表示程度的副词"多么"和表示数量的"多少",表明条件不是唯一的。例如:

This construction indicates no change under any condition or situation. "无论" must be followed by interrogative pronouns "谁","什么","怎么","哪儿","哪", and "怎么样"; or an adverb denotes degree such as "多么";or"多少"denotes number or measure. It indicates that the condition is not the only one. E. g.

(1)你无论有什么问题,都可以问我。

(2)无论多么忙,他也不忘记看报。

如果全句只有一个主语,这个主语可以出现在"无论"前,如例(1),也可以出现在第二分句前,如例(2)。如果全句有两个主语,第一个主语一般只出现在"无论"后。例如:

If there is only one subject, this subject may appear before "无论"(Example 1), or before the second clause (Example 2). If there are two subjects, the first one usually appears after "无论". E. g.

(3)无论你去哪儿,我都要和你一起去。

(4)无论我怎么说,他也不听。

练习　Exercises

一、读词组：

Read the following phrases：

1. 保证完成　　保证安全　　保证满意
2. 共同理想　　共同认识　　共同解决
3. 新鲜水果　　新鲜鸡蛋　　特别新鲜
4. 浪费时间　　浪费人才　　浪费水
5. 招待朋友　　招待客人　　招待会

二、选词填空：

Select the correct words to fill in the blanks：

（一）共同　大方　可惜　谦虚　骄傲　新鲜

1. 昨晚的表演非常精彩，_____我没看。
2. 你说的事真_____，我还是第一次听说。
3. 他很_____，经常请我们吃饭。
4. 他是一个很_____的人，从来不喜欢表现自己。
5. 这个工作要我们_____完成。
6. 如果我们_____了，我们就会失败。

(二) 让 使 受 雇 花

1. 他_____了几年时间研究经济管理。

2. 他把新房子_____给了别人。

3. 看见他_____我想起了一件事。

4. 时间来不及了,_____一辆出租车吧!

5. 农业生产_____气候的影响。

(三) 保证 取得 招待 浪费 理解 感动

1. 我们不能满足已经_____的成绩。

2. 他的精神_____了大家。

3. 他很好客,总是热情欢迎和_____客人。

4. 时间再短,也要_____完成这个工作。

5. 我能_____你的想法。

6. _____时间就是_____生命。

三、在下列句子中填上适当的连词:

Fill in the blanks with the appropriate conjunctions:

1. 一个人_____有多(么)大成就,都不应该骄傲。

2. 我们_____要了解他,_____要关心他。

3. _____我怎么说,他也不听。

4. 他很少看演出,_____电影都很少看。

5. 她_____年轻_____漂亮。

四、用"什么……都/也"改写句子：

Rewrite the sentences with "什么…都/也"：

1. 我今天晚上在家看电视，哪儿也不去。
2. 他不喝酒。
3. 我的女朋友会跳古典舞，也会跳现代舞。
4. 这个人没有爱好。
5. 她很能干，每件事都干得不错。

五、完成句子：

Complete the sentences：

1. 无论谁来找我，_____。
2. 无论我怎么努力，_____。
3. 无论干什么事，_____。
4. 无论他去哪儿，_____。
5. 无论哪一种工作，_____。
6. 无论天气怎么样，_____。
7. 无论困难多大，_____。
8. 你无论去不去，_____。
9. 无论他的看法对不对，_____。
10. 学费无论多贵，_____。

第五十三课　Lesson 53

生词　New Words and Expressions

1. 离婚　　lí hūn　　　　　　　　　divorce
2. 怪　　　guài　　　　（形）　　　strange;odd
3. 法院　　fǎyuàn　　　（名）　　　court of justice
4. 判　　　pàn　　　　　（动）　　　judge
5. 可怜　　kělián　　　（形）　　　pitiful
6. 影响　　yǐngxiǎng　（动、名）effect
7. 感情　　gǎnqíng　　（名）　　　emotion
8. 吵架　　chǎo jià　　　　　　　　quarrel
9. 提　　　tí　　　　　（动）　　　put forward
10. 丢脸　　diū liǎn　　　　　　　　lose face
11. 建立　　jiànlì　　　（动）　　　set up
12. 先后　　xiānhòu　　（副）　　　one after another
13. 搬　　　bān　　　　　（动）　　　move
14. 去世　　qùshì　　　　（动）　　　die

15. 剩	shèng	（动）	leave behind
16. 孤独	gūdú	（形）	lonely
17. 再婚	zài hūn		remarry
18. 表示	biǎoshì	（动）	express
19. 坚决	jiānjué	（形）	firm
20. 阿姨	āyí	（名）	aunt
21. 耐心	nàixīn	（形）	patient
22. 举例	jǔ lì		give an example
23. 说明	shuōmíng	（动）	explain
24. 终于	zhōngyú	（副）	at last; finally
25. 说服	shuōfú	（动）	persuade
26. 孤单	gūdān	（形）	lonely
27. 晚年	wǎnnián	（名）	one's later years

专名　Proper Nouns

1. 李奶奶	Lǐ Nǎinai	*form of address of an old woman*
2. 张大爷	Zhāng Dàye	*form of address of an old man*

会话　Dialogues

他父母离婚了

A：这个孩子常常一个人呆着,性格有点儿怪。
B：他父母离婚了。
A：法院把他判给谁了?
B：判给他爸爸了。
A：他一定是想妈妈想的。
B：听说他爸爸不让他跟妈妈见面。没妈的孩子真够可怜的。
A：看来,离婚对孩子影响太大了。

她和丈夫感情不好

A：王平是不是离婚了?
B：离了,她和她丈夫感情一直不好。
A：他们从来没吵过架,感情有什么不好?
B：没有共同语言。
A：他们为什么现在才离婚呢?

B:男的早就提出离了,王平一直没同意。现在看法改变了,不再觉得离婚是丢脸的事了,王平这才同意离。

课文　Text

找个老伴儿

　　李奶奶快六十岁了,儿子、女儿都结了婚,建立了小家庭,先后搬出去住了。李奶奶的老伴得了肺癌,前年去世了。剩下她一个人觉得很孤独,想再找个老伴儿。

　　李奶奶的女儿很理解母亲,同意母亲再婚。李奶奶的儿子表示坚决反对,他说:"孙子、孙女都有了,这么大岁数再结婚,多丢脸啊!"邻居王阿姨很关心这件事,她跟小李谈了好几次,耐心地讲了很多道理,还举例说明老年人再婚的好处,小李终于被说服了。

　　张大爷是个退休工人,六十多岁了,没有结过婚,一个人孤孤单单过了几十年。李奶奶一家经常照顾他。现在他想不想找个老伴呢？经过王阿姨的介绍，两位老人都同意，不久前他们办好了结婚手续。现在，李奶奶和张大爷一起过着幸福的晚年。

注　释 Notes

"剩下她一个人觉得很孤单"，动词"剩"常常和"下"一起用。有时"剩"也可以单独用。如："大家都走了，只剩她一个人在那儿"。

The verb "剩" is often used with "下." Sometimes it can be used alone, for example "大家都走了，只剩她一个人在那儿".

语　法　Grammar

一、是……的（四）

"是……的"可以用来表示强调（"我是昨天来的"强调时间），也可以用来解释、说明某一情况。"是……的"中间的两个动词多为单音节的，可以是同一动词的重复，也可以是两个不同的动词。例如：

"是…的" can be used to indicate an emphasis ("我是昨天来的" is to emphasize time). It can also be used to explain or to illustrate a situation. The two verbs in "是…的" are often monosyllabic words, and they can be the reduplication of the verb, or sometimes two different verbs. E.g.

(1) 他常常睡不着觉,可能是想妈妈想的。

(2) 他身体不好,是抽烟抽的/是干活累的。

(3) 你眼睛坏了,一定是看书看的/一定是想妈妈哭的。

二、"才"和"就"

"才"和"就"都是副词,都可以表示时间。但是"才"表示说话人认为行为动作发生得晚或慢。例如:

"才" and "就" are adverbs. They both can denote time, but "才" indicates that the speaker thinks the action is late or slow. E.g.

(1) 你怎么现在才来?

　　(太晚　too late)

(2) 我写了十遍才记住这个字。

　　(太慢　too slow)

"就"表示说话人认为行为动作发生得早或快。句中常有"了"搭配使用。例如:

"就" indicates that the speaker thinks that the action is early or fast. "了" is often used in the sentence. E.g.

(3) 八点上课,他七点五十分就来了。

　　(早　early)

(4) 他一个小时就记住了三十个生词。

　　(快　fast)

三、够……的

"够+形容词+的"构成"够……的"式,表示程度高。"够"的前面可以用程度副词"真"修饰。例如:

"够+adjective+的" makes up "够…的" construction denoting a high degree. "够" can be preceded by the adverb of degree "真" as a modifier. E.g.

(1)北京的冬天够冷的。

(2)这个孩子真够可怜的。

有时,也说"够……(的)了",这时后面还要有另一句话来说明看法。例如:

"够…(的)了" is sometimes used in the same way, and in such a case, it should be followed by a sentence that expresses a view point. E.g.

(3)我已经够忙的了,你不要再来麻烦我!

(4)这辆车够好了,就买这辆吧。

四、终于

副词"终于"表示经过较长时间的努力之后达到某种结果。一般用于希望得到的结果。例如:

The the adverb "终于" indicates a result achieved after a long time of effort, usually a result as expected. E.g.

(1)他的病终于好了。

(2)我们等了很久,他终于来了。

练习　　Exercises

一、读词组：

Read the following phrases:

1. 建立联系　　建立感情　　建立学校
2. 表示愿意　　表示反对　　表示满意
3. 说明情况　　说明道理　　说明问题
4. 说服他　　　说服不了　　被说服了

二、选词填空：

Select the correct words to fill in the blanks:

(一) 怪　判　吵　提　搬　剩

1. 过去的事了，还____它干什么？
2. 他____进了一套新房子。
3. 他们俩离婚后，法院把孩子____给谁了？
4. 别____了，____是解决不了问题的。
5. 这个老头真____，活了六十岁还没结婚。
6. 孩子大了，离开了家，____下老两口没人照顾。

(二) 可怜　孤独　耐心　坚决　孤单

1. 丈夫要离婚,妻子____不同意。
2. 一个老人____地坐在公园里。
3. 你要____说服他,也许他会同意的。
4. 父母离婚了,____的孩子没有人照顾。
5. 离婚后,剩下他一个人,他感到很____。

(三)建立　表示　说明　说服
1. 两个国家____了外交关系。
2. 那个人很保守,很难____他改变想法。
3. 他____要多关心妻子,照顾妻子。
4. 他____了再婚的好处后,老人同意了。

三、用给的词完成句子:

Complete the sentences with the words given:
1. 经过努力,_____。(终于)
2. 他结了婚又离婚,_____。(先后)
3. 这次旅行路线很长,_____。(先后)
4. 火车经过两天一夜,_____。(终于)
5. 下了一天雨,_____。(终于)

四、用"够……的"改写句子:

Rewrite the sentences with 够…的":
1. 他妈妈很保守,不愿意再婚。

2. 他的秘书真能干，什么事都干得很好。
3. 他怎么那么聪明，一学就会了。
4. 这位老人一直一个人住，生活很孤单。
5. 今天的考试非常容易，我都回答对了。

五、用"是……的"完成句子：

Complete the sentences with "是…的"structure：

1. 妈妈腿很疼，_____。
2. 他一夜没睡，_____。
3. 我最近眼睛常常不舒服，_____。
4. 老人得肺癌了，_____。

八、判断对与错：

Judge whether the sentences are correct or incorrect：

1. A：飞机八点起飞，他七点五十分才到了。
   B：飞机八点起飞，他七点五十分才到。
2. A：请等一会儿，我才来。
   B：请等一会儿，我就来。
3. A：她女儿三十五岁才结婚。
   B：她女儿三十五岁就结婚。
4. A：他明天才回来。
   B：他明天就回来。

第五十四课　Lesson 54

生词　New Words and Expressions

1. 这会儿　zhèhuìr　（名）　now; at the moment
2. 推荐　tuījiàn　（动）　recommend
3. 进修　jìnxiū　（动）　engage in advanced studies
4. 或者　huòzhě　（连）　or
5. 称呼　chēnghu　（名）　form of address
6. 首先　shǒuxiān　（副）　first
7. 作　zuò　（动）　do; make
8. 自我　zìwǒ　（代）　oneself
9. 年龄　niánlíng　（名）　age
10. 程度　chéngdù　（名）　level; degree
11. 基本　jīběn　（形）　basic; fundamental

12.	接着	jiēzhe	（连）	then
13.	自费	zìfèi	（形）	at one's own expense
14.	申请	shēnqǐng	（动）	apply
15.	奖学金	jiǎngxuéjīn	（名）	scholarship
16.	周到	zhōudào	（形）	attentive
17.	以为	yǐwéi	（动）	think
18.	写法	xiěfǎ	（名）	way of writing
19.	招聘	zhāopìn	（动）	advertise for a vacancy
20.	助理	zhùlǐ	（名）	assistant
21.	报名	bàomíng		enter one's name
22.	建议	jiànyì	（动、名）	propose; proposal
23.	教授	jiàoshòu	（名）	professor
24.	硕士	shuòshì	（名）	Master (of Arts/Science)
25.	优秀	yōuxiù	（形）	outstanding
26.	考虑	kǎolǜ	（动）	think over
27.	此致	cǐzhì		with best wishes
28.	敬礼	jìnglǐ		with best wishes

专名 Proper Nouns

1. 李大平　　　Lǐ Dàpíng　　　*name of a person*
2. 王青　　　　Wáng Qīng　　　*name of a person*
3. 新明公司　　Xīnmínggōngsī　*name of a company*
4. 北京外国语学院　Běijīng Wàiguóyǔ Xuéyuàn　Beijing Institute of Foreign Languages
5. 北京经济学院　Běijīng Jīngjì Xuéyuàn　Beijing Institute of Economy

会话 Dialogues

写中文信

彼得：你这会儿有空儿吗？教教我写中文信吧。

王兰：你要写什么信？家信，介绍信，还是推荐信？

彼得：都不是，我要给中国北京大学写封信。问一下儿去那儿进修要办什么手续？

王兰：写这样的信，信纸的第一行写收信人的名字，或者你对他的称呼。从第二行开始写信的主要内容。首先，你应该作个简单的自我介绍，例如年龄、文化程度、汉语水平等基本情况。接着再写你的进修计划和要求，学什么专业，学多长时间，自费还是申请奖学金等。然后把你想了解的问题一个一个地提出来。信的最后写上你的名字、写信的时间和联系办法。

彼得：明白了，我马上去写。

王兰：别忙，你写信封的时候一定要注意：信封的上边写收信人的地址，下边才写你的地址。

彼得：你想得真周到。我还以为中文信封的写法跟英文信封的写法一样呢。

找谁推荐

李：新明公司招聘经理助理，我想去试试。广告上写着报名的人都得有一封推荐信。我找谁写好呢？

马：我建议你请王教授写。
李：请他写推荐信的人很多，他能答应吗？
马：王教授很热情，又很了解你，我看问题不大。

课文　Text

一封推荐信

新明公司经理：

　　看到你们公司招聘经理助理的广告，给您推荐一个理想的年轻人。

　　李大平，男，二十六岁，北京人，一九九一年从北京经济学院毕业。一九九一年——一九九四年在北京外语学院英语系当硕士研究生，学习成绩优秀，英语水平很好，能说能写又能翻译。研究生毕业后，当过一年系主任秘书，非常能干。他对经理助理这个工作很感兴趣，希望您能考虑。

　　　　此致
敬礼！

　　　　　　　北京经济学院教授　王　青
　　　　　　　　　1995年8月15日

注 释　Notes

1."我看问题不大",是"我认为问题不大"。其他例如:"我看不会下雨,你看呢?"

"我看问题不大"means"I don't think it's a big problem."Another example is"I don't think it will rain. What about you?"

2."我还以为中文信封的写法跟英文信封的写法一样呢","写法",表示写的方法,类似的有"念法、吃法、唱法、说法"等。

"写法"means "way of writing."Similar expressions are"way of reading,""way of eating,""way of singing,"etc.

语　法　Grammar

一、数量词重叠

The reduplication of numeral-measure words

数量词组可以重叠,但数词一般只限于"一"。重叠的数量词可以:

The numeral-measure phrase can be reduplicated, but it only applies to the numeral word"一". Numeral-measure words that can be reduplicated are as follows:

1. 作定语,后边常用"的",表示没有例外。句中常用"都"。例如:

When used as an attributive, it is often followed by the word

"的"to imply that there is no exception. "都"is often used in the sentence. E. g.

(1)一件一件的新衣服都丢了。

(2)一个一个的问题都解决了。

 2. 作状语,后边常用"地",表示动作的方式。例如:

When used as an adverbial, it is often followed by the word "地"to imply the way of an action. E. g.

(3)天气一天一天地暖和起来了。

(4)自行车一辆一辆地修好了。

二、"以为"和"认为"

"以为"表示对人或事物作出判断。例如:

The verb"以为"denotes a judgment on a person or something. E. g.

(1)我以为你是日本人呢!

(2)他们都以为我病了。

"认为"也表示对人或事物作出判断。"以为""认为"二者的区别是:"以为"多用于与事实不符的判断,而"认为"只用于符合事实的判断。比较,

"认为"also denotes a judgment on a person or something. The difference between"以为"and"认为"is that"以为"often indicates a judgment that is contrary to the fact, while"认为"indicates a statement that reflects the fact. Compare:

(3) $\begin{cases} 我以为汉字很难学,其实并不难。\\ 我认为汉字不难学。 \end{cases}$

三、"或者"和"还是"

"或者"和"还是"翻译成英文都是"or",但是在汉语里它们有分工。"或者"用在陈述句里,"还是"多用在疑问句里。比较:

Both "或者" and "还是" are translated as "or" in English, but they are used differently in Chinese. "或者" is used in the declarative sentence, and "还是" is often used in the interrogative sentence. Compare:

$\begin{cases} 我们星期三或者星期四去访问王教授。\\ 我们是星期三去访问王教授还是星期四去? \end{cases}$

$\begin{cases} 你去或者他去都行。\\ 你去还是他去? \end{cases}$

练习　　Exercises

一、读词组:

Read the following phrases:

1. 推荐新书　推荐研究生　推荐信
2. 进修汉语　进修文学　　进修生
3. 基本工资　基本条件　　基本同意

4. 申请出国　申请奖学金　申请书
5. 优秀学生　优秀记者　　优秀成绩

二、选词填空：

Select the correct words to fill in the blanks：

(一)建议　以为　申请　推荐　进修　招聘　认为

1. 那家公司____女秘书。
2. 你能给我____几本优秀作品吗？
3. 我____你最好休息几个星期。
4. 我____他病了，原来他忙于写小说呢。
5. 我想去北京大学____一年。
6. 出国必须首先提出____。
7. 同学们都____多听多说是学习汉语的好方法。

(二)周到　基本　优秀　自费

1. 那家饭店的服务非常____。
2. 他是我国最____的记者之一。
3. 申请____出国的手续已经办好了。
4. 发展经济是每个国家的____工作。

三、在下列句中填上适当的连词：

Fill in the blanks with appropriate conjunctions：

1. 座谈会安排在明天____后天。
2. 无论阴天____下雨天,公园里都有不少人。
3. ____你来,____我去,都可以。
4. 我想买今天的票____明天的票。
5. 你是中国人____日本人?
6. 他去上海____去西安?

四、用数量词重叠式填空:

Fill in the blanks with the reduplication of numeral-measure words:

1. 这么多书,他_____都看完了。
2. 大桥_____地建起来了。
3. 孩子_____地长大了。
4. 时间_____过得真快。
5. 大家_____地走出了教室。
6. 你怎么_____的眼镜都坏了。
7. _____的座位都坐满了人。

五、写一封自我推荐的信。

Write a brief résumé.

第五十五课 Lesson 55

生词 New Words and Expressions

1. 商量   shāngliang   (动)   talk over
2. 直达   zhídá   (动)   nonstop
3. 费   fèi   (动)   waste(time)
4. 开玩笑   kāi wánxiào   joke
5. 淡季   dànjì   (名)   slack season
6. 抓紧   zhuājǐn   (动)   grasp firmly
7. 赶快   gǎnkuài   (副)   quickly;at once
8. 代表团   dàibiǎotuán   (名)   delegation
9. 接待   jiēdài   (动)   be a host of
10. 旅馆   lǚguǎn   (名)   hotel
11. 稍微   shāowēi   (副)   a little
12. 准时   zhǔnshí   (形)   punctual
13. 午饭   wǔfàn   (名)   lunch
14. 晚饭   wǎnfàn   (名)   dinner;supper

15.	民族	mínzú	（名）	nation
16.	歌舞	gēwǔ	（名）	song and dance
17.	统计	tǒngjì	（动）	count up (a number of)
18.	趁	chèn	（介）	take advantage of
19.	倒车	dǎo chē		change buses
20.	原谅	yuánliàng	（动）	forgive
21.	根本	gēnběn	（副）	at all
22.	不好意思	bù hǎoyìsi		feel embarassed
23.	及时	jíshí	（形）	in time
24.	愿望	yuànwàng	（名）	desire; wish
25.	拍	pāi	（动）	clap

专名 Proper Nouns

1. 友谊商店　　Yǒuyì Shāngdiàn　　Friendship Store
2. 加拿大　　　Jiānádà　　Canada

会话　Dialogues

怎么走最便宜

A：我想跟你商量商量,去香港,怎么走最便宜?
B：当然是坐火车去最便宜了。
A：北京离香港那么远,又没有直达的火车,太费时间了。
B：你既要省钱又不想费时间,不是在开玩笑吧?
A：对。我想起来了,现在正是旅游淡季,中国民航的机票特别便宜。
B：是啊,这时候的机票跟火车的软卧票价钱差不多。
A：可是坐飞机比坐火车快多了,我得抓紧时间,赶快去订票。

接待计划

A：今天这个代表团的接待计划是怎么安排的?
B：咱们从机场把他们接出来以后,马上送他们去旅馆,安排好房间,稍微休息一会儿,十二点准时吃午饭。
A:下午呢?
B:一点半出发,先去友谊商店换换钱,买买东西,大概需要一个小时,然后再去天坛公园游览游览。
A:晚饭以后是不是有节目?
B:有一场民族歌舞的演出,可以自由参加。
A:什么时候订票呢?
B:在从机场去旅馆的路上,统计一下儿有多少人想看,趁午饭前的休息时间去订就行了。
A:明天后天的计划呢?
B:晚上我再告诉你。

问路

A:劳驾,坐这路车到得了火车站吗?
B:到不了,您得倒一次车。
A:对不起,"倒车"是什么意思?
B:请原谅,我说的是北京话,"倒车"就是"换车"。
A:原来是这么回事,我懂了。怎么换车呢?

B:这路车您坐到终点站下,然后,顺着马路往前走,走到路口向右拐弯,离路口不远有一个汽车站,您再上那路车,坐到第四站就到了。

A:谢谢您。

课文 Text

钱不够了

玛丽要回美国了,这时候她才发现钱不多了,根本不够买一张从北京飞往纽约的机票了。怎么办?打电话让妈妈寄钱吗?不但时间来不及,而且也不好意思。玛丽可着急了。正在这个时候,住在楼上的琳达提供了一条信息:可以先买一张飞往加拿大的飞机票,这张票的价钱比从北京到纽约的那张票便宜多了。等到了加拿大以后,再买回纽约的飞机票,剩下的钱就完全够用了。琳达提供的信息真是太及时了,不但解决了玛丽的困难,而且还让她得到一次好机会,实现她游览美丽的加拿大的愿望。玛丽高兴得拍起手来。

语法 Grammar

一、既……又……

和"又……又……"一样,"既……又……"也表示两种状态、动作或情况同时存在。例如:

Like"又…又…","既…又…"also indicates that two states, actions or situations exist simultaneously. E. g.

(1)她既年轻又漂亮。

　　(连接形容词　connecting adjectives)

(2)哥哥既学习又工作。

　　(连接动词　connecting verbs)

(3)我既要吃好又不想多花钱。

　　(连接词组　connecting phrases)

二、形容词+多了

这个格式用于比较,表示差别相当大。可以用在有"比"的比较句中,也可以直接用。例如:

This construction is used in comparison, and it denotes a wide difference. It can be used in the comparative sentence with the word"比", or without. E. g.

(1)这个孩子比以前胖多了。

(2)他比你能干多了。

(3)你的汉语说得好多了。

(4)这半年她瘦多了。

三、当然

副词"当然"表示肯定,有强调的作用。例如:

The adverb "当然" implies an affirmation, and has a function of emphasis. E. g.

(1)他这样说,当然有道理。

(2)坐飞机去当然比坐火车去快多了。

练习　Exercises

一、读词组:

Read the following phrases:

1. 商量工作　商量问题　商量计划
2. 抓紧时间　抓紧学习　抓紧进行
3. 接待客人　热情接待　接待代表团
4. 准时开会　准时上车　准时到达
5. 统计数字　统计人口　统计表
6. 原谅自己　原谅别人　要求原谅
7. 根本工作　根本问题　从根本上

二、选词填空：

Select the words to fill in the blanks：

(一) 原谅　统计　接待　商量　抓紧

1. 你要____时间完成这些工作。
2. 请____，我迟到了。
3. 有事请多跟大家____。
4. 每月这里都要____大批客人。
5. 比赛结果还没有____出来。

(二) 费　订　拍　趁

1. 有人说：旅行既____时间又____钱。
2. 你知道在哪儿____报纸吗？
3. 他____假期看了不少书。
4. 大家为他的表演____手叫好。

(三) 准时　赶快　稍微　及时　倒车

1. 明天上午九点开会，请____参加。
2. 只要你____注意一下儿，就会发现这儿只卖书不卖报纸。
3. 你知道去火车站在哪儿____吗？
4. 你____通知大家：明天的会不开了。
5. 这场雨下得太____了。

三、用"既……又……"连句：

Make sentences with "既…又…" structure：

1. 热情　　　　大方
2. 看电影　　　画画儿
3. 当护士　　　当售货员
4. 学习经济管理　研究外国文学
5. 吃西餐　　　吃中餐
6. 选口语课　　选报刊课

四、用"形容词＋多了"完成句子：

Complete the sentences with "A ＋ 多了" structure：

1. 这儿的冬天比我们那儿_____。
2. 他比你_____。
3. 老人的身体比以前_____。
4. 坐火车比坐飞机_____。
5. 她病了很久，最近_____。
6. 北京的人口比纽约的_____。
7. 这个孩子_____。

五、写一篇自己的旅行日记。

Write a diary about your travel experience.

第五十六课　Lesson 56

生词　New Words and Expressions

1. 百分之…　bǎifēnzhī…　　　　　per cent
2. 墙　　　qiáng　　　（名）　wall
3. 节约　　jiéyuē　　　（动）　economize
4. 缺　　　quē　　　　（动）　be short of
5. 严重　　yánzhòng　 （形）　serious
6. 淡水　　dànshuǐ　　（名）　fresh water
7. 倍　　　bèi　　　　（数）　times
8. 科学家　kēxuéjiā　　（名）　scientist
9. 发生　　fāshēng　　 （动）　happen
10. 洗　　　xǐ　　　　 （动）　wash
11. 市长　　shìzhǎng　　（名）　mayor
12. 演说　　yǎnshuō　　 （动、名）make a speech
13. 发表　　fābiǎo　　　（动）　deliver
14. 简短　　jiǎnduǎn　　（形）　brief

15.	信任	xìnrèn	(动、名)	trust
16.	感谢	gǎnxiè	(动)	be grateful
17.	市民	shìmín	(名)	residents of a city
18.	选举	xuǎnjǔ	(动)	elect
19.	担任	dānrèn	(动)	hold the post of
20.	荣幸	róngxìng	(形)	honoured
21.	责任	zérèn	(名)	responsibility
22.	重大	zhòngdà	(形)	important
23.	职务	zhíwù	(名)	duty
24.	期间	qījiān	(名)	period
25.	将	jiāng	(副)	will;shall
26.	尽力	jìnlì		do one's best
27.	住房	zhùfáng		housing
28.	乘(乘车)	chéng	(动)	take (a bus)
29.	入托	rùtuō		go to a nursery
30.	而	ér	(连)	conjunction
31.	建设	jiànshè	(动)	build
32.	花园	huāyuán	(名)	garden
33.	全体	quántǐ	(名)	all;whole
34.	政府	zhèngfǔ	(名)	government

会话　Dialogues

毕业以后干什么

A：毕业以后你打算干什么？
B：我想去一家公司当经理助理。
A：系里不是希望你留下来当老师吗？
B：我的性格不适合当老师。
A：公司的工资高得多吧？
B：比学校的高好几倍。

节约用水

A：你看，墙上写的什么字？是什么意思？
B：写的是"节约用水"四个字，意思是请大家注意不要浪费水。
A：他们想得真周到。现在世界上有一百多个国家缺水，有百分之四十是严重缺水的国家。
B：为什么缺水？
A：现在世界上的淡水跟一百年一千年以前一样

多,可是人口却增加了好几倍。
B:所以,要是不注意节约用水,缺水情况就会越来越严重。
A:你说得对。科学家们认为,一九九七年以前就可能发生水危机。
B:有这么严重吗?
A:有。喂,洗好了没有?可别忘了"节约用水"啊!

课文　Text

新市长的演说

　　在今天晚上的电视节目里,新市长发表了简短的演说。内容如下:
市民们:
　　首先,我要感谢大家对我的信任。大家选举我担任市长,我感到非常荣幸,同时,也感到责任重大。
　　我表示,在我担任这一职务期间,我将尽力为市民们多做好事。为改变本市住房难、乘车难、打电话难、孩子入托难而努力。为把本市建设成一座花园城市而努力。希望全体市民能支持市政府的工作。

谢谢。

语法 Grammar

一、形容词+得多

adjective+得多

这也是一种表示比较的方法,可以用在"比"字句里,也可以用在一般句中。例如:

This is a usage denoting comparison. It can be used in the "比" sentence, or a general sentence. E. g.

(1)你的汉语比我(的)好得多。(有"比" with "比")

(2)公司的工资高得多。(没有"比" without "比")

二、百分数/倍数

The percentage and the multiple

汉语的百分数是先说"百分之",再说数词。例如:

When the percentage is mentioned in Chinese, "百分之" is spoken before the numeral word. E. g

(1)百分之一　　　1%

(2)百分之五十　　　50%

(3)百分之七十六点四　　76.4%

汉语的倍数是数词直接加"倍"。例如：
The multiple in Chinese is formed simply by adding "倍" to the numeral word. E. g.

　　五倍　　二十倍　　好几倍

三、为……而……

"为……而……"表示为了一个目的，采取相应的行动，动作可以是已经发生了的，也可以是将要发生的。例如：

"为…而…" implies taking proper actions for a particular purpose. The action may have taken place, or is going to take place. E. g.

(1)为学习汉语而到中国来。

　　　　（已经发生　already taken place）

(2)为发展经济而准备实行新的政策。

　　　　（将要发生　will take place）

练习　　Exercises

一、读词组：

Read the following phrases：

1. 节约水　　节约时间　节约钱

2. 发表作品　发表演说　发表谈话
3. 选举市长　选举代表　参加选举
4. 担任工作　担任翻译　担任校长
5. 重大活动　重大问题　重大发现

二、选词填空：

Select the correct words to fill in the blanks.

(一) 严重　简短　重大　荣幸

1. 那里发生了____的地震。
2. 这件事关系____。
3. 他感到能参加世界著名科学家大会很____。
4. 他的讲话既____又动人。

(二) 缺　倍　洗　乘　将　而

1. 每个星期天他都____衣服。
2. 中国人民为实现自己的理想____努力工作。
3. 二十年里,那个城市的人口增加了一____。
4. 请问,去中山公园____几路车?
5. 我病了一个星期,____了几天课。
6. 他____在我们这里当记者。

(三) 节约　发表　选举　担任　建成　尽力

1. 你放心吧，我将____去做。
2. 他____什么工作？
3. 你们的市长是不是市民____的？
4. 他把自己____下来的钱寄给了灾民。
5. 十年前他____了第一篇小说。
6. 这座游泳池是去年____的。

三、用"为……而……"改写句子：

Rewrite the sentences with "为…而…" structure：

1. 我要去香山看红叶。
2. 市长发表了简短的演说，希望取得市民的信任。
3. 政府希望解决市民的住房困难，建成许多新的楼房。
4. 小王打算专门研究经济管理，他先去商店当了售货员。
5. 推销员要推销地毯，他跑遍了大半个中国。

四、用"……得多"完成句子：

Complete the sentences with "…得多"。

1. 跟一般职业比，这个工作_____。（辛苦）
2. 上海的电视节目_____。（丰富）

3. 汉语比英语_____。（难学）
4. 他的发音比我的_____。（标准）
5. 这个音乐会_____。（精彩）

五、用汉字写出下列百分数：
Write out the following percentages in Chinese character:

2%　　20%　　200%

5.5%　　63%　　99.9%

第五十七课　Lesson 57

生词　New Words and Expressions

1. 车祸　chēhuò　　（名）　traffic accident
2. 过去　guòqu　　　　　　pass; go over
3. 撞　　zhuàng　　（动）　be knocked
4. 倒　　dǎo　　　　（动）　fall
5. 伤　　shāng　　（动、名）hurt; injure
6. 新闻　xīnwén　　（名）　news
7. 强烈　qiángliè　（形）　strong
8. 记录　jìlù　　　（名、动）record
9. 震　　zhèn　　　（动）　shake
10. 埋　　mái　　　（动）　bury
11. 坚强　jiānqiáng （形）　strong; firm
12. 吓　　xià　　　（动）　be frightened
13. 盖　　gài　　　（动）　build
14. 踢　　tī　　　　（动）　play (football)

15.	过来	guòlai		come over
16.	叫	jiào	（介）	by
17.	让	ràng	（介）	by
18.	笑话儿	xiàohuar	（名）	joke
19.	挂面	guàmiàn	（名）	dried noodles
20.	扩大	kuòdà	（动）	expand
21.	包装	bāozhuāng	（动）	pack
22.	袋	dài	（名）	bag
23.	认真	rènzhēn	（形）	conscientious
24.	负责	fùzé	（形、动）	responsible
25.	印	yìn	（动）	print
26.	造成	zàochéng	（动）	cause; bring about
27.	损失	sǔnshī	（名、动）	lose

专名 Proper Nouns

1.	墨西哥城	Mòxīgē Chéng	Mexico City
2.	乌鲁木齐	Wūlǔmùqí	Ürümqi

会话 Dialogues

车祸

A:前边出什么事了?
B:发生车祸了,汽车和自行车都过不去了。
A:情况严重不严重?
B:一辆汽车撞倒了一个骑车的人。
A:那个人受伤了吧?
B:左腿被撞伤了。

电视新闻

A:今晚的电视有什么节目?
B:新闻完了,是一个介绍墨西哥城的电影。
A:几年以前墨西哥城发生过一次强烈地震。
B:这个电影记录了那次地震的情况。
A:我看过那时候的电视新闻,许多房子都震倒了,人都埋在下边。
B:墨西哥城的人非常坚强,没有被地震吓倒。现在新的大楼盖起来了,路也修好了,墨西哥城比以前更美了。

足球比赛

A:我来晚了,比赛开始多长时间了?
B:开始二十多分钟了,穿红运动衣的队进了两个球了。
A:几号踢进去的?
B:都是五号踢进去的,他踢得漂亮极了。
A:快看,五号又把球带过来了。
B:不好,他叫人撞倒了。
A:没关系,球让二号接过去了。
B:好,球又踢进大门去了。

课文　　Text

一字之差

乌鲁木齐人,个个都知道这样一个笑话:有一家挂面厂,生产的挂面味道好,很受欢迎。为了扩大市场,工厂设计了一种新包装袋。可是因为工作上马虎,不够认真负责,把乌鲁木齐的"乌"字印成了"鸟"字。多了这一个点儿,不但乌鲁木齐成了"鸟鲁木齐",而且印成的十吨包装袋全浪费掉了,给工厂造成了十六万元的经济损失。

语法　Grammar

一、"叫"和"让"

除了"被"可以表示被动意义之外,"叫"和"让"也表示被动意义,句型同"被"字句。所不同的是"叫""让"后的名词(或代词)不能省略,且多用于口语。见表:

Apart from the word "被," "叫" and "让" can also indicate a passive meaning, and their sentence structure is the same as that of the "被" sentence. However, the difference is that the noun (or pronoun) after "叫" and "让" cannot be omitted, and it is often used in spoken Chinese. See the following chart:

N₁	叫/让	N₂	V	其他
他	叫	汽车	撞	倒了。
球	叫	他	接	过去了。
大桥	让	小王	设计	好了。
我	让	人	打	了。

汉语被动句共有以下几种：

So, passive sentence patterns in Chinese are as follows:

1. 不用"被、叫、让"的被动句（意义上的被动句）。例如：

Passive sentences without "被","叫", and "让"（implied passive sentences）.

(1) 新工厂盖好了。

2. 用"被"的被动句，"被"后的名词（或代词）可以省略。例如：

The passive sentence with "被", omitting the noun (or the pronoun) after "被". E.g.：

(2) 自行车被偷了。

3. 用"叫、让"的被动句，"叫、让"后的名词（或代词）不能省略，见上表。

Passive sentences with "叫" and "让", keeping the noun (or pronoun) after "叫" and "让". See the above chart.

二、量词重叠

The reduplicated measure word

量词重叠有"每"的意思，重叠的量词可以加名词，也可以不加名词。句中要用"都"。例如：

The reduplication of a measure word has the meaning of "每." The reduplicated measure word may or may not be followed by a noun. "都" should be used in the sentence. E. g.

(1)件件衣服都很漂亮。　（加名词）
(2)座座饭店都是新的。　（with a noun）
(3)家家都有好几辆自行车。（不加名词）
　　　　　　　　　　　　（without a noun）

有时名词已在前面出现,量词重叠后也不再加名词。例如:
If sometimes the noun appears before, it is not necessary to add a noun after the reduplicated measure word. E. g.

(4)那个班的学生个个都会说英语。

三、把 N_1 V 成 N_2

这是一种复杂的"把"字句,N_1 是动作的对象,N_2 是动作的结果。V 一般是及物动词。例如:

This is "把" sentence in its form N_1 is the receiver of the action, and N_2 is the result of the action. V is usually a transitive verb. E. g.

(1)他把"外"字写成"处"字了。
(2)我把老师看成朋友。
(3)请把这篇小说翻译成英文。

练习　　Exercises

一、读词组：

Read the following phrases：

1. 新闻节目　　国际新闻　　新闻人物
2. 扩大面积　　扩大生产　　扩大影响
3. 认真学习　　认真听课　　工作认真
4. 造成损失　　造成浪费　　造成危险

二、选词填空：

Select the correct words to fill in the blanks：

撞　倒　震　埋　吓　盖　踢　印

1. 你喜欢＿＿＿足球吗？
2. 车祸发生时，＿＿＿坏了旁边的人。
3. 他的衣服上＿＿＿着"北京大学"四个字。
4. 他把偷来的金子＿＿＿在一棵大树下。
5. 那座大楼＿＿＿得很漂亮。
6. 房子＿＿＿的时候，没有人在旁边。
7. 在路上我的自行车被＿＿＿坏了。
8. 地震把房屋全＿＿＿倒了。

三、在下列句中填上"过去"或"过来":
Fill in the blanks with "过去" or "过来":

1. 你____,我有话告诉你。
2. 过去的事情就让它____吧!
3. 汽车从我们跟前开____了。
4. 我接____一看,原来是一封信。

四、在下列句子中填上适当的词:
Fill in the blanks with an appropriate word:

1. 他受了伤,可是不太____,不要担心。
2. 你尝一下我做的鱼,____怎么样?
3. 地震给人们造成严重的____。
4. 两个国家的文化交流(exchange)越来越____。
5. 跳高的世界____被他打破了。
6. 你要对这次车祸____。

五、用"被、让、叫"改写句子:
Rewrite the sentences with "被、让、叫":

1. 政府控制住了人口的增加。
2. 小王买走了那辆红自行车。
3. 工人们建成了一座电视塔。
4. 大家选他当厂长。

5. 弟弟丢了一本新字典。
6. 很快就卖完了所有的票。

六、用"把 N_1 V 成 N_2"完成句子：

Complete the sentences with "把 N_1 V 成 V_2" structure：

1. 我把那个人_____。
2. 老师把学生_____。
3. 他工作非常忙，每天很晚才回家，他爱人说他把家_____。
4. 市长把一个一千多人的小工厂_____。
5. 市民们要把这座城市_____。
6. 你怎么把"已经"的"已"字_____。

七、讲一个笑话。

Tell a joke.

第五十八课 Lesson 58

生词 New Words and Expressions

1. 请客   qǐng kè   invite sb. to dinner
2. 饺子   jiǎozi   （名）   dumpling
3. 米饭   mǐfàn   （名）   rice
4. 面条   miàntiáo   （名）   noodle
5. 炒菜   chǎocài   （名）   fried dish
6. 饭馆   fànguǎn   （名）   restaurant
7. 杯   bēi   （量）   *measure word*
8. 饿   è   （形）   hungry
9. 虾仁   xiārén   （名）   shrimp meat
10. 豆腐   dòufu   （名）   bean curd
11. 哎呀   āiyā   （叹）   *interjuction*
12. 盐   yán   （名）   salt
13. 糖   táng   （名）   sugar

14.	端	duān	(动)	carry (with both hands)
15.	辣子	làzi	(名)	pepper; hot
16.	鸡	jī	(名)	chicken
17.	丁儿	dīngr	(名)	small cubes of meat or vegetable
18.	碗	wǎn	(名)	bowl
19.	汤	tāng	(名)	soup
20.	中餐	zhōngcān	(名)	Chinese meal
21.	吃法	chīfǎ		way of eating
22.	馅饼	xiànbǐng	(名)	meat pie
23.	西式	xīshì	(名)	western style
24.	炸	zhá	(动)	deep-fry
25.	不管	bùguǎn	(连)	no matter
26.	渴	kě	(形)	thirsty
27.	啤酒	píjiǔ	(名)	beer
28.	冰激凌	bīngqílín	(名)	ice cream
29.	盘子	pánzi	(名)	plate
30.	分(分开)	fēn(fēnkāi)	(动)	separate
31.	讲究	jiǎngjiu	(动)	be particular about
32.	形象	xíngxiàng	(名)	image
33.	声音	shēngyīn	(名)	sound; voice
34.	道	dào	(量)	*measure word*

35.	味	wèi	（名）	taste
36.	一定	yīdìng	（形）	certain
37.	好吃	hǎochī	（形）	delicious
38.	正式	zhèngshì	（形）	formal
39.	宴会	yànhuì	（名）	banquet
40.	姿势	zīshì	（名）	posture
41.	用法	yòngfǎ	（名）	usage

专名　Proper Noun

意大利　　　　Yìdàlì　　　　Italy

会话　Dialogues

在饭馆请客

A：今天中午饭我请客，你说吃什么？
B：我最喜欢吃饺子。
A：这几天不是米饭就是面条，我也想吃饺子了。
　　走，咱们去找一个既有饺子也有炒菜的饭馆。
B：有没有炒菜没关系，饺子里不是又有肉又有菜吗?

A:哪里,咱们俩得好好儿喝两杯(酒),没有菜怎么行?

B:太好了,那我就不客气了。

在家请客

A:你饿不饿? 我学做几个中国菜,请你尝尝好不好。

B:好啊,我最喜欢吃中国菜了。

A:这是虾仁豆腐,味道怎么样?

B:哎呀,太咸了。

A:真不好意思,盐放多了。你再尝尝这个糖醋鱼。

B:真酸啊,你没放糖吧?

A:对不起,我忘了放糖就端上来了,还有一个菜是辣子鸡丁儿,你能吃吗?

B:我可喜欢吃辣的了。

A:那你就多吃点儿,最后还有一碗鸡蛋汤。

B:我吃得饱极了,谢谢你的热情招待。

喜欢吃什么

A：你喜欢吃中餐还是喜欢吃西餐？
B：中餐。西餐有的味道我不喜欢，有的吃法我还不习惯。不过意大利馅饼很不错，西式炸鸡的味道也特别好。
A：什么吃法你不习惯？
B：不管渴不渴，吃饭前都得先喝汤。
A：饮料和小吃你觉得怎么样？
B：德国的啤酒和美国的冰激凌都棒极了。

课文 Text

中餐和西餐

中餐和西餐不但味道完全不一样，而且吃法也不相同。吃中餐是摆上一桌子菜大家一起吃；吃西餐却是一个人一个盘子，大家分开吃。如果请客，吃中餐，主人总是不停地忙着让酒让菜；吃西餐,就得自己照顾自己。最大的不同大概就是:吃西餐十分讲究吃的形象。人怎么坐,手怎么放,刀、叉怎么用,杯盘怎么摆,从小就得学习。特别在吃菜喝汤的时候,是不能有一点儿声音的。吃中餐最讲究的是吃的内容,每道菜的色、香、味都有一定的要求,既要好吃又要好看。但是一般都不大注意吃的形象,只有在正式的宴会上,才需要特别注意坐的姿势和碗筷的用法。

注释 Notes

"既有饺子也有炒菜的饭馆","既……也……"同"既……又……"。

"既…也…" in this sentence is the same as "既…又…."

语法 Grammar

一、省略句

The elliptical sentence

在一定的语境或上下文中,有的句子成分可以略去不说,这样的句子叫省略句。汉语的省略句形式很多,主语、谓语、宾语或其他句子成分都可以被省略。例如:

In certain context some parts of the sentence can be omitted; such a sentence is called the elliptical sentence. The use of the elliptical sentence in Chinese is very flexible; the subject, predicate, object or other parts of the sentence can all be omitted. E. g.

1. 省略主语　　the subject omitted

(1)A:你去不去商店?

B:(我)去。

2. 省略谓语　　the predicate omitted

(2)A:谁喜欢吃西餐?

B:我(喜欢吃西餐)。

3. 省略宾语　　the object omitted

(3)A:咱们去吃饭吧?

B:好。咱们俩好好儿喝两杯(酒)。

4. 省略数词"一"　　the numeral word "一" omitted

(4)A:我们一起去看电影吧?

B:不行,今天晚上我有(一)个约会。

5. 省略主语、动词和宾语　　the subject, verb and object omitted

(5)A:这是谁的书?

B:(这是)我的(书)。

二、不是 A 就是 B

either A or B

"不是 A 就是 B",表示两项中一定有一个是事实。A、B 可以是：

"either A or B" implies that one of the two items must be true. A and B can be one of the followings：

1. 名词。例如： noun. E.g.

(1)那个学生不是中国人就是日本人。

2. 动词。例如： verb. E.g.

(2)星期天不是睡觉就是玩儿。

3. 小句。例如： subsentence. E.g.

(3)不是你去就是我去。

三、不管……都/也……

"不管……都/也……"意义和用法都跟"无论……都/也……"相同：

"不管…都/也…" is the same as "无论…都/也…"both in implication and in usage.

1. 不管＋疑问代词/多么/多少＋都/也…… 这一点详见第52课。例如：

不管＋interrogative pronoun/多么/多少＋都/也… See detailed explanation in Lesson 52. E.g.

(1)不管在哪儿,我都忘不了你。

(2)不管你有什么困难,我都愿意帮助你。

2. 除此以外,"不管"和"无论"之后还可以用选择式词组或正反式词组表示条件不是唯一的。例如：

Besides,"不管"and"无论"can be followed by the alternative phrase or the affirmative/negative phrase denoting that the condition is not the only one. E. g.

(3) 不管/无论你喜欢不喜欢,吃西餐都得先喝汤。　　　　　　　　　(不管+V 不 V)

(4) 不管/无论贵不贵,我也要买。　　(不管+A 不 A)

(5) 不管/无论刮风还是下雨,他天天都骑自行车上班。　　　　　　(不管+还是)

练习　Exercises

一、读词组:

Read the following phrases:

1. 饿极了　　饿死了　　饿坏了　　饿得很
2. 端盘子　　端面条　　端上来　　端走了
3. 讲究方法　讲究味道　生活讲究　很讲究
4. 正式演出　正式宴会　正式申请
   正式通知
5. 一定参加　一定同意　一定不错
   一定有意思

二、选词填空:

Select the correct words to fill in the blanks:

(一)端 炸 渴 分 杯 道 饿

1. 一天没吃东西了,他____极了。
2. 他要了一____啤酒,一盘炸鸡块。
3. 我最喜欢吃____鱼。
4. 服务员把菜____给每个人。
5. 游完泳后非常____,想喝水。
6. 最后上的一____菜是糖醋鱼。
7. 请把汤____上来,该喝汤了。

(二)西式 讲究 形象 正式 姿势

1. 中餐____色、香、味。
2. 她跳舞的____很优美。
3. 大学九月一日____开学。
4. 他买了一份____炸鸡。
5. 每位演员很注意自己的____。

(三)吃法 看法 想法 用法

1. 你能把鱼的____告诉我吗?
2. 你的____很不错,可是不一定能实现。
3. 饺子怎么吃?你把____给我讲讲。
4. 你对戒烟有什么____?
5. 我一点儿也不了解他的____。

6. 市民们很理解市长的____。

7. 中餐和西餐____很不一样。

8. 最近电视节目很没意思,大家很有____。

9. 请告诉我电脑的____,好吗?

10. 我还不太了解这本字典的____。

三、在下列句中填上适当的连词:

Fill in the blanks with the correct conjunctions:

1. ____你去不去,我都要去。

2. ____谁去都可以。

3. ____去哪儿我都愿意。

4. ____什么时候去我都同意。

5. ____好坏,我都要。

6. ____好吃不好吃,我都想尝一尝。

7. ____公费还是自费,我都参加。

8. ____中餐西餐,我都喜欢。

四、用"不是 A 就是 B"完成句子:

Complete the sentences with "不是 A 就是 B" structure:

1. 这儿的天气真不好,_____。

2. 我每天吃得很简单,_____。

3. 她晚上_____。

4. _____,咱们非去个地方玩儿玩儿不可。
5. 他上课的时候_____。
6. 他已经决定了自己要学的专业,_____。

五、谈谈中餐和西餐的不同。

Talk about the difference between Chinese and western-style meals.

第五十九课 Lesson 59

生词 New Words and Expressions

1. 留学　　　liúxué　　　　　　　　study abroad
2. 实行　　　shíxíng　　　（动）　　put into practice
3. 改革　　　gǎigé　　　　（动）　　reform
4. 方面　　　fāngmiàn　　 （名）　　aspect
5. 政治　　　zhèngzhì　　 （名）　　politics
6. 社会主义　shèhuìzhǔyì　　　　　socialism
7. 具有　　　jùyǒu　　　　（动）　　possess
8. 迅速　　　xùnsù　　　　（形）　　rapid
9. 其中　　　qízhōng　　　（名）　　among
10. 富　　　　fù　　　　　 （形）　　rich
11. 投资　　　tóuzī　　　　（动）　　invest
12. 创造　　　chuàngzào　　（动）　　create
13. 印象　　　yìnxiàng　　 （名）　　impression
14. 目前　　　mùqián　　　 （名）　　at present

15.	政策	zhèngcè	（名）	policy
16.	叫做	jiàozuò	（动）	to be called
17.	弄	nòng	（动）	do, handle
18.	来源	láiyuán	（名）	source
19.	科学	kēxué	（名）	science
20.	使者	shǐzhě	（名）	envoy; messenger
21.	访问	fǎngwèn	（动）	visit
22.	仍然	réngrán	（副）	still

专名　Proper Noun

唐朝　　　Tángcháo　　　the Tang Dynasty

会话　Dialogues

中国的改革

A：你是什么时候去中国留学的？
B：中国实行改革开放以后去的。
A：他们在哪些方面实行改革？
B：在政治和经济两个方面都实行改革。

A：在政治方面改革？不要社会主义了？
B：不，他们要搞具有中国特色的社会主义。
A：改革开放的结果怎么样？
B：工农业生产得到了迅速发展，市场繁荣，大多数中国人的生活水平都有了不同程度的提高，其中一部分人已经富起来了。

去中国工作

A：你怎么也学起汉语来了？
B：我要去中国工作了。
A：做什么工作？
B：我们公司准备在上海的一家工厂投资，经理派我先去了解了解情况。
A：听说中国实行改革开放以后，给外国投资创造了很好的环境。
B：是的。

中国的人口

A：中国给你的第一个印象是什么？
B：人太多，一九九五年就已经十二亿了。
A：一九四九年中国只有四亿五千万人，四十年增加了六亿五千万。
B：虽然在这四十年中，他们的经济发展速度很快，可是还没有人口增长的速度快。
A：人太多了，也会发生危机的。
B：是啊，所以目前中国的人口政策是一对夫妇只能生一个孩子。

课文　Text

"留学生"这个词是怎么来的

马丁对中国的历史和文化非常感兴趣。今年夏天，他去了一次中国，参加了北京大学暑假办的一个汉语班。他成了北大的留学生，在那儿学习了六个星期。

"留学生"这个词是怎么来的？为什么把外国学生都叫做"留学生"呢？为了弄清楚这个词的来源，马丁趁这次留学的机会请教了中国老师。

在老师的帮助下，马丁弄清楚了："留学生"这个词本来是日本人创造的。中国唐朝的时候，经济发展很快，科学文化水平很高。日本政府多次派使者和学生到中国访问。访问结束后使者们回国了，学生们仍然留在中国，继续学习唐朝的科学文化。这些留下来的学生就叫做"留学生"。后来"留学生"这个词在汉语里一直用到今天。

注释 Notes

"把外国学生叫做留学生"，意思同"把外国学生叫成留学生"。能在"把 N_1 V 做 N_2"句中出现的动词经常是"当、叫、看、写、念"等。

"把外国学生叫做留学生" means the same as "把外国学生叫成留学生."Verbs that can appear in the sentence are usually "当","叫","看","写","念",etc.

语法 Grammar

一、在……中

"在……中"表示范围,用于时间,也用于其他方面。例如:

"在…中" indicates range or scope in time or other aspects. E. g.

(1)在这四十年中,中国变化很大。

(2)我们在学习中经常会遇到困难。

二、在……下

"在……下"表示条件,中间要放名词性词组,一般用"的"。例如:

"在…下" indicates condition, and there should be a noun phrase in the middle. "的" is usually used. E. g.

(1)在政府的领导下,生产发展了。

(2)在大家的帮助下,他的汉语提高了。

三、介词"在"小结

A brief summary of the preposition "在"

介词"在"有许多用法,主要是:

The preposition "在" has many usages. They are mainly as follows:

1. 表示时间　　Denoting time
a. 用在动词前　　used before the verb

(1)飞机在上午五点到达。

b. 用在动词后　　used after the verb

(2)事情发生在昨天。

2. 表示处所　　Denoting place
a. 用在动词前　　used before the verb

(3)我在北京学习。

b. 用在动词后　　used after the verb

(4)他住在上海。

3. 固定用法　　Set phrases
a. 在……上　　表示方面　　denoting direction

(5)他在学习上很努力。

b. 在……中　　表示范围　　denoting scope or range

(6)在我认识的人中,有不少人爱好音乐。

c. 在……下　　表示条件　　denoting condition

(7)在老师的帮助下,他进步很快。

d. 在……里　　表示处所　　denoting place or scope

(8)有人在教室里唱歌。

(9)在汉语里,动词没有变化。

四、比较句(六)

用"没有"进行比较

Comparative sentence(Ⅵ)Use"没有"to make a comparison.

用"比"进行比较的句子一般都可以改成用"没有"进行比较的句子,但是要把"比"的前后两个成分的位置对换一下儿。例如:
Sentences that use "比" to make a comparison can usually be changed into comparative sentences with "没有", but the two parts on either side of "比" must exchange their positions. E. g.

(1)他比我高。→我没有他高。

(2)人口增长的速度比经济发展的速度快。
→经济发展的速度没有人口增长的速度快。

练习 Exercises

一、读词组:
Read the following phrases:
1. 留学美国　　　出国留学　　　留学生
2. 实行新政策　　实行招聘　　　实行开放改革
3. 经济改革　　　政治改革　　　改革教育
4. 具有世界水平　具有民族特色
5. 创造历史　　　创造文化　　　创造世界
6. 访问中国　　　访问作家　　　出国访问

二、选词填空：

Select the correct words to fill in the blanks：

(一) 实行　改革　具有　创造　叫做　访问　投资

1. 这是一场____世界水平的比赛。
2. 中国____改革以后，经济发展很快。
3. 有些中国人把外国人____"老外"。
4. 代表团在欧洲____了四个国家。
5. 劳动____了世界。
6. 中国正在进行一场伟大的____。
7. 政府____建设了一批重点学校。

(二) 方面　其中　印象　环境　来源

1. 你对北京的____怎么样？
2. 全世界都在关心____污染问题。
3. 中国在教育____有了很大发展。
4. 艺术____于生活。
5. 中国的经济发展速度很快，____工业发展的速度最快。

(三) 富　弄　迅速　仍然

1. 大多数的农民都____起来了。
2. 他____离开了车站，来到医院。

3. 为了____清楚"中国"这个词的来源,我问了许多人。

4. 他学了三年汉语,____说不好。

三、完成句子:
Complete the Sentences:

1. _____,他是学习最努力的。(在……中)

2. _____,大家认为环境污染是个严重问题。(在……中)

3. 在改革中,_____。

4. 在昨晚的电视节目中,_____。

5. 在市长发表的演说中,_____。

6. 老王在工作中_____。

四、完成句子:
Complete the sentences:

1. _____,考上了北京大学。(在……下)

2. 在政府的控制下,_____。

3. 在厂长的领导下_____。

4. 在这种情况下,_____。

5. 在非常困难的条件下，_____。

五、用"在……上"或"在……里"完成句子：
Complete the sentences with "在…上"or"在…里" structures：

1. 你要的那本书我放_____。
2. 我们_____什么困难都没有。
3. 有很多人_____买食品和饮料。
4. _____,一个日本同学也没有。
5. 她_____当经理。
6. _____,我们大家的看法是一样的。

六、用"没有"改写句子：
Rewrite the sentences by using"没有"：

1. 今天比昨天热。
2. 他比我富。
3. 他的汉语说得比我流利得多。
4. 公共汽车的速度比出租汽车慢多了。
5. 现在南方的天气比这儿暖和。
6. 他的说法比我的有道理。

第六十课　Lesson 60

生词　New Words and Expressions

1. 石像　　shíxiàng　　（名）　statue
2. 简直　　jiǎnzhí　　（副）　simply
3. 真　　　zhēn　　　（形）　true; real
4. 的确　　díquè　　　（副）　indeed
5. 精细　　jīngxì　　　（形）　fine, delicate
6. 作者　　zuòzhě　　（名）　author; writer
7. 其实　　qíshí　　　（副）　actually; in fact
8. 份　　　fèn　　　　（量）　*measure word*
9. 菜单　　càidān　　（名）　menu
10. 遇到　　yùdào　　（动）　run into
11. 联合　　liánhé　　（动）　unite
12. 航空　　hángkōng　（名）　aviation
13. 乘客　　chéngkè　（名）　passenger
14. 日文　　rìwén　　（名）　Japanese

15. 法文	fǎwén	(名)	French
16. 文字	wénzì	(名)	writing
17. 前后	qiánhòu	(名)	around (a certain time)
18. 托	tuō	(动)	hold (in hand)
19. 海鲜	hǎixiān	(名)	seafood
20. 仔细	zǐxì	(形)	careful
21. 错误	cuòwù	(名)	mistake
22. 瓶	píng	(量)	*measure word*
23. 香槟酒	xiāngbīnjiǔ	(名)	champagne
24. 瓶子	píngzi	(名)	bottle
25. 裹	guǒ	(动)	wrap
26. 餐巾	cānjīn	(名)	table napkin
27. 高明	gāomíng	(形)	wise
28. 做法	zuòfǎ	(名)	method
29. 蜜月	mìyuè	(名)	honeymoon
30. 忽然	hūrán	(副)	suddenly
31. 登	dēng	(动)	publish
32. 新年	xīnnián	(名)	New Year

专名 Proper Nouns

1. 杨先生　　Yáng Xiānsheng *Mr. Yang*

2. 王新	Wáng Xīn	name of a person
3. 李明	Lǐ Míng	name of a person
4. 高祺	Gāo Qí	name of a person
5. 南京	Nánjīng	Nanjing City
6. 中山陵	Zhōngshān Líng	the Memorial Tomb (for Sun Yatsen)
7. 捷克	Jiékè	Czech
8. 旧金山	Jiùjīnshān	San Francisco
9. 法国	Fǎguó	France
10. 美国联合航空公司	Měiguó Liánhé Hángkōng Gōngsī	United Airlines

会话 Dialogues

中山陵

A: 你在南京住了多长时间了?

B: 我住了两个多星期了。

A: 南京的名胜古迹可多了,你还不趁这次机会多看看?

B：我这次是来工作的，前两个星期一直很忙，这个星期才有点儿空儿，去了一趟中山陵。

A：你是搞设计的，你觉得中山陵设计得怎么样？

B：设计得很有特色，中山陵里边那座孙中山石像简直像真人一样。

A：那座石像的确做得十分精细，一共用了一年零三个月才完成。你知道石像的作者是谁吗？

B：我看见石像上有"高祺"两个字，可是没写他是哪国人。我想，他不是中国人就是日本人。

A：你怎么想到他是日本人呢？

B："高祺"很像日本人的姓。

A：很多人都这么想，其实，高祺是捷克人。

课文　Texts

一份菜单

杨先生访问美国回来，跟我谈起了他在飞机上遇到的一件事。他说：

我坐美国联合航空公司的飞机，从北京飞往

旧金山。在飞机上,每次饭前,服务员小姐都给乘客送上一份菜单。菜单上印着英文、日文、中文和法文等好几种文字。中午十一点前后,服务员用盘子托着菜单走过来了。我接过菜单一看,发现上面的中文部分把"海鲜"两个字印成"鲜海"了。是不是自己看错了,我擦了擦眼镜,又仔细看看,的确是错了。于是就用笔在这两个字的旁边画了一个点儿。我趁服务员走过来送饮料的机会,把这个错误小声地告诉了她。

我本来以为她会说一声"谢谢"就走了,没想到她十分认真地说:"真的?这太不应该了!太不应该了!"说着就把菜单拿走了。过了一会儿,她又回来了,送给我一瓶有名的法国香槟酒,瓶子外边还裹着一块白白的餐巾。这是多么高明的做法啊!我被这一切深深地感动了。

第一次坐飞机

王新和李明登记结婚了,并且决定在蜜月里坐飞机去旅行。他们打算先去看看南京的名胜古迹,再去游览一下儿美丽的桂林山水。

王新从来没有坐过飞机,这是第一次。她怕坐飞机有危险,上了飞机以后,不知道怎么坐着才好。李明忽然想起一个主意,就小声地对她说:"你不用这么怕,坐飞机没有多少危险,比坐汽车安全多了。报上登过这样一条消息:一个人开着汽车回家过新年。车走得好好儿的,没想到从天上掉下来一架飞机,正好掉在他开的那辆车上,结果他受了伤……"没等李明讲完,王新就吓得跑下飞机去了。

注释　　Notes

1. "前两个星期",是针对"这个星期"或"后两个星期"说的,类似的用法还有"前两天(这两天、后两天)、前几年(这几年)"。

"前两个星期" refers to "the last two weeks." Similar usages are "the last two days" and "the last few years".

2. "你是搞设计的",在这里"搞"的意思是"从事",也说"搞教育工作""搞体育工作"等。

"搞" in this sentence means "being engaged in," the same as "engaged in eduational work".

语法　Grammar

一、V＋时间词（三）

V＋time words（Ⅲ）

句中用"动词＋时间词"时，如果有两个"了"同时出现，则表示动作还要继续下去，如果只是在动词后有"了"，则表示动作已经完成。比较：

If two "了" appear together in the construction "verb ＋ time words," the sentence indicates that the action will continue. If there is only one "了" after the verb, the sentence indicates that the action has completed. Compare：

{ 他在这儿住了两年，后来搬到别的地方去了。
（现在不住在这儿　no longer lives here）
他在这儿住了两年了。
（还要继续住下去　will continue to live）

{ 她在大学的时候，学了一年汉语。
（现在不学习　no longer studies）
她已经学了一年汉语了。
（现在仍在继续学习　will go on studying）

二、前后

"前后"是一个方位名词,它可以:

"前后"is a noun denoting position. It can be used as follows:

1. 表示空间　　Denoting space

（1）前后左右都是人。

（2）汽车前后都亮着灯。

2. 表示时间　　Denoting time

（3）一点前后最安静。

（4）这事发生在一九七〇年前后。

（5）春节前后大家都放假。

（6）开学前后他很忙。

三、"多"的用法小结

A brief summary of the usages of"多"

"多"的用法很多,我们学过的主要有:

"多"is both an adjective and an adverb. It has many usages. The followings are those we have learned:

1. 和其他词一起修饰名词　如:

Modifying the noun with other words. E. g.

很多人　　这么多书

2. 修饰动词　Modifying the verb.

多看看　　多想想

多住几天　多吃一点儿　（动词后有数量词）

3. 数量词＋多　　Numeral-measure words ＋ 多

   一块多钱　　三点多

4. 形容词＋多＋了　　Adjectives＋多＋了

   好多了　　方便多了

5. 形容词＋得＋多　　Adjectives＋得＋多

   好得多　　麻烦得多

四、关联词用法小结：

A brief summary of the conjuctions：

1. 因为……所以……

   因为天气不好，所以没出去玩。

2. 虽然……但是……

   虽然我不喜欢他，但是还是和他一起去吃饭了。

3. 不但……而且……

   我不但去过北京，而且已经去过三次了。

4. 如果……就……

   如果你不愿意，就别来了。

5. 要是……就……

   要是我有时间，就跟你们一起去。

6. 只要……就……

   只要努力，就能学好汉语。

7. 只有……才……

   只有星期天，我才不上课。

8. 无论……都/也……

   无论谁都应该遵守交通规则。

9. 不管……都/也……

   不管你们去哪儿,我都要跟你们一起去。

10. 不是……而是……

    他不是日本人,而是中国人。

11. 除了……都……

    除了他,别人都来了。

    除了……也/还……

    除了北京,我还去过上海。

12. 既然……就……

    既然你不同意,那我就不去了。

13. 既……又……

    他的房间既干净又舒服。

14. 又……又……

    他的女朋友又漂亮又能干。

15. 连……也/都……

    你怎么连这个字都不认识。

16. 再……就……

    你再不走就要迟到了。

17. 非……不可……

    今天的舞会你非参加不可。

18. 一……就……

我一到星期天就出去玩儿。

19. 一边……一边……

他喜欢一边听音乐一边看书。

20. 先……再……然后……最后……

我打算先去邮局寄信,再去书店买书,然后去参观一个画展,最后还要去看一位朋友。

练习　Exercises

一、读词组:

Read the following phrases:

1. 的确凉快　的确认真　的确漂亮
2. 工农联合　联合行动　联合起来
3. 教室前后　开学前后　圣诞节前后
4. 仔细看看　仔细研究　仔细考虑
5. 经理高明　设计高明　办法高明

二、选词填空:

Select the correct words to fill in the blanks:

(一)简直　的确　其实　前后　仔细　忽然

1. 这件事你再____想想。
2. 他说不想去,____心里非常想去。

3. 你画的风景跟真的一样,我____不相信自己的眼睛了。
4. 他设计的大桥____有特色。
5. 我____想起来应该给他打个电话。
6. 地震____,他都不在家。
7. 信写好,他又认真____地读了一遍。
8. 要让他同时学两门外语____很难。

(二)高明　精细　错误　真
1. 你的作法太不____了。
2. 你说的是____的吗?
3. 这个铜镜做得很____,一点毛病也没有。
4. ____能使人变得聪明起来。

三、填上适当的量词:

Fill in the blanks with the appropriate measure words:
1. 服务员送来一____炸鸡,一____饮料。
2. 他能说四____外语。
3. 你知道一____香槟酒多少钱?
4. 你喜欢哪____菜?这里有十几____呢!
5. 前天我订了两____报。
6. 今年暑假我打算去一____新疆。

7. 服务员拿着一____白色的餐巾。

四、在下列句子中填上适当的动词：
Fill in the blanks with the appropriate verbs：

1. 他手里____着一个盘子,盘子里是一份烤鸡。
2. 你的书____地上了,快____起来吧!
3. 那位妇女把头____起来,我才看见她的两只眼睛。
4. 她的衣服上____着"长城"两个字。
5. 他的文章____在《人民日报》上。
6. 孩子被老师的话____哭了。

五、在下列句中插入"多"：
Insert "多" in an appropriate place in each sentence：

1. 你身体不好,应该吃一点儿饭。
2. 我这次去上海要住几天。
3. 他晚上两点才回到家。
4. 她的汉语比以前好了。
5. 这本书很便宜,才十块钱。
6. 弟弟今年刚一岁。
7. 有了地下铁道,交通就方便了。

8. 我们已经学习了一年汉语了。

9. 想一想再回答我的问题。

六、填关联词：

Fill in the blanks with the appropriate conjuctions：

1. 他_____去过中国，_____还去过日本和美国。
2. _____你去请他，他才会来。
3. _____天不下雨，我就去。
4. _____天气好不好，我_____要去。
5. 这件衣服_____便宜_____好。
6. 我太累了，_____到家马上_____睡觉了。
7. _____小王，其他的同学都同意。
8. _____你身体不好，就在家休息吧！
9. 我_____去图书馆，_____去书店。
10. _____他已经七十多岁了，_____身体还很好。
11. _____你不戒烟，就会影响身体健康。
12. 这件事_____小孩_____都知道。

七、讲一次你自己坐飞机旅行的体验。

Talk about your experience of traveling by plane.

词语表　　Vocabulary

A

a	○阿姨	（名）	53
ai	○哎呀	（叹）	58
an	☆安排	（动）	41
	○安全	（形）	45
	○安心		41
	△安装	（动）	56
	○岸	（名）	32

B

bai	△百分之		56
	☆摆	（动）	50
ban	☆搬	（动）	53
	○半夜	（名）	32
	☆办法	（名）	32
	△伴儿	（名）	44
bao	△包装	（动）	57
	△保姆	（名）	44

315

	△保守	(动)	49
	○保证	(动)	52
	☆饱	(形)	49
	☆抱	(动)	42
	△报刊	(名)	39
	○报	(名)	54
bei	○碑	(名)	35
	☆杯	(量)	58
	☆北边	(名)	35
	○北方	(名)	43
	☆倍	(量)	56
ben	☆本	(量)	36
	○本	(代)	42
bi	○比如	(动)	39
	☆比赛	(动)	40
	☆笔	(量)	32
	☆必须	(能愿)	36
bian	☆变	(动)	37
	☆变化	(动)	47
	☆遍	(量)	38
	○遍	(形)	42
biao	○标准	(形)	31
	☆表示	(动)	53
	☆表现	(动)	50
	☆表演	(动)	50
bie	☆别的	(代)	38

	☆别人	（代）	33
bing	△冰激凌	（名）	58
	○并（不）	（副）	43
	○并且	（连）	35
bo	△博物馆	（名）	35
bu	☆不但	（连）	50
	△不见得		48
	○不得了	（形）	43
	○不管	（连）	58
	○不好意思		55
	☆不久	（名）	37
	○不然	（连）	35
	○不如	（动）	48
	☆不同		38
	○步	（名）	49
	☆部分	（名）	38
	△部首	（名）	39

C

cai	△菜单	（名）	60
can	△餐巾	（名）	60
cao	☆草	（名）	37
ceng	☆层	（量）	47
cha	○叉(叉子)	（名）	48

	☆查	(动)	38
	○差点儿	(副)	35
chan	○产品	(名)	42
chang	○长途	(名)	32
	△长寿	(名)	49
	☆场	(量)	48
	厂(工厂)	(名)	42
	△厂长	(名)	42
chao	△超	(动)	34
	△超级市场	(名)	50
	☆朝	(介)	35
	△潮	(名)	37
	△吵架		53
	△炒菜	(名)	58
che	车次	(名)	36
	车祸	(名)	57
	车牌儿	(名)	45
chen	○沉默	(形)	46
	○趁	(介)	55
cheng	△称呼	(名)	54
	☆成	(动)	37
	☆成绩	(名)	39
	△成就	(名)	51
	☆城市	(名)	37
	○程度	(名)	54
	○乘	(动)	56

	△乘客	(名)	60
chi	☆吃	(动)	37
	吃法		58
	☆迟到	(动)	50
chou	△丑	(形)	49
chu	○出版	(动)	36
	☆出来		38
	△出门		46
	☆出去		48
	☆出租汽车		35
chuan	△传说	(名)	37
chuang	△创新	(动)	47
	○创造	(动)	59
chui	☆吹	(动)	48
ci	☆词	(名)	31
	☆词典	(名)	38
	此致		54
	△伺候	(动)	44
cong	葱	(名)	43
	△从来	(副)	38
cu	○醋	(名)	34
cun	○存	(动)	32
cuo	☆错误	(名)	60

D

da	☆打(气)	(动)	45
	☆打(开)	(动)	47
	打字		52
	△大半	(名)	42
	△大方	(形)	52
	☆大家	(代)	36
	○大陆	(名)	32
	大师	(名)	38
	○大衣	(名)	36
dai	△代表团	(名)	55
	○待	(动)	49
	○袋	(名)	57
dan	○担任	(动)	56
	○担心	(动)	44
	淡季	(名)	55
	淡水	(名)	56
dang	△当初	(名)	42
	☆当然	(形)	41
	○当时	(名)	47
dao	☆刀	(名)	48
	○岛	(名)	42
	○到达	(动)	36

	☆倒	(副)	49
	☆倒	(动)	57
	倒车		55
	☆道	(量)	58
de	☆得(分)	(动)	39
deng	○登	(动)	60
di	○的确	(副)	60
	△地道	(形)	31
	△地毯	(名)	42
	○地位	(名)	43
	○地下铁道	(名)	45
	△地震	(动)	51
ding	丁儿	(名)	58
diu	丢脸		53
dong	☆东	(名)	35
	○东部	(名)	32
	○东方	(名)	31
	△冬季	(名)	43
	○动人	(形)	37
	○动作	(名)	39
dou	○豆腐	(名)	58
du	○独立	(动)	51
	独生子女		43
duan	○端	(动)	58
dui	○对	(量)	33
	○对比	(动)	44

321

	○对话	（名）	44
	○对象	（名）	33
dun	○吨	（量）	57
duo	☆多(么)	（副）	51
	○多数	（名）	49

E

e	☆饿	（形）	58
er	○而	（连）	56
	☆而且	（连）	50

F

fa	○发表	（动）	56
	○发达	（形）	34
	☆发生	（动）	56
	☆发育	（名）	31
	☆发展	（动）	41
	☆法文	（名）	60
	△法院	（名）	53
fan	○番	（量）	42
	☆翻译	（动、名）	33
	○繁荣	（形）	34

	☆反对	（动）	46
	☆饭店	（名）	35
	△饭馆	（名）	58
fang	☆方法	（名）	31
	○方面	（名）	59
	☆访问	（动）	59
	○放心		46
fei	非法	（形）	50
	☆飞	（动）	37
	△肥皂	（名）	34
	○费	（动）	55
fen	☆分（分数）	（名）	39
	☆分	（动）	58
	△坟	（名）	46
	○份	（量）	60
feng	☆丰富	（形）	48
fu	夫妇	（名）	43
	☆服务	（动）	41
	副（副业）	（名）	50
	○富	（形）	59
	☆复习	（动）	51
	☆负责	（形）、（动）	57
	○妇女	（名）	46

G

gai	☆该	（能愿）	40
	☆改变	（动）	51
	○改革	（动）	59
	○盖	（动）	57
gan	☆感（动）	（动）	46
	○感到	（动）	52
	☆感冒	（动、名）	32
	○感情	（名）	53
	☆感谢	（动）	56
	○赶快	（副）	55
	☆干部	（名）	36
gang	☆刚才	（名）	44
gao	高明	（形）	60
	△高中	（名）	33
ge	歌舞		55
	阁	（名）	47
	☆各	（代）	32
gen	○根本	（副）	55
gong	公众	（名）	46
	☆公园	（名）	35
	○工具	（名）	45
	工具书		40

	☆工人	(名)	36
	☆工业	(名)	34
	○工资	(名)	41
	○共同	(形)	56
gou	☆够	(形)	46
gu	☆姑娘	(名)	48
	孤单	(形)	53
	孤独	(形)	53
	○古迹	(名)	34
	△股	(量)	45
	△雇	(动)	52
gua	挂面	(名)	57
guai	○拐	(动)	35
	○怪	(形)	53
guan	☆关系	(名)	39
	☆关心	(动)	43
	○关于	(介)	37
	○管理	(动)	41
	△惯	(动)	43
guang	○广场	(名)	35
	○广告	(名)	33
guo	△裹	(动)	60
	☆过来		57
	☆过去		57
	☆过去	(名)	32

H

ha	☆哈哈	(象声)	49
hai	☆海	(名)	37
	海鲜	(名)	60
han	☆汉字	(名)	31
hang	○航空	(名)	60
hao	☆好吃	(形)	58
	○好处	(名)	49
	☆好像	(动)	50
	○号码	(名)	45
	好客	(形)	49
he	和尚	(名)	40
	☆河	(名)	37
	△河流	(名)	45
hei	黑市	(名)	50
hu	☆忽然	(副)	60
	湖光塔影		47
	虎	(名)	46
	○护士	(名)	41
hua	☆花(钱)	(动)	52
	○花园	(名)	56
	☆画儿	(名)	38
	△画家	(名)	38

	△话剧	(名)	50
huan	☆还	(动)	37
	○环境	(名)	45
	环行		45
hui	☆回答	(动)	46
	☆回去		32
	☆会	(名)	47
	☆会话	(名)	31
huo	☆活	(动)	49
	☆活儿	(名)	46
	○活泼	(形)	33
	☆或者	(连)	54
	○货	(名)	42

J

ji	☆基本	(形)	54
	○机关	(名)	36
	☆鸡	(名)	58
	☆鸡蛋	(名)	48
	○及格	(动)	39
	○及时	(形)	55
	○记录	(动、名)	57
	○纪念	(动)	35
	☆计划	(名、动)	34

	○既然	（连）	43
	○既…又…		52
	☆继续	（动）	31
jia	○夹	（动）	48
	☆家庭	（名）	41
jian	☆间	（量）	40
	○坚决	（形）	53
	○坚强	（形）	57
	简短	（形）	56
	△简直	（副）	60
	○建	（动）	47
	○建立	（动）	53
	☆建设	（动）	56
	○建议	（动、名）	54
	☆健康	（形）	33
jiang	○将	（副）	56
	△讲究	（动）	58
	○讲座	（名）	44
	○奖学金	（名）	54
jiao	☆教	（动）	33
	△胶卷	（名）	34
	○骄傲	（形）	52
	☆饺子	（名）	58
	☆叫	（介）	57
	○叫作	（动）	59
	○教学	（名）	47

	○教师	(名)	36
	○教授	(名)	54
	☆教育	(动)	43
jie	○接待	(动)	55
	○接受	(动)	49
	☆接着	(连)	54
	☆节	(名)	39
	☆节目	(名)	40
	○节约	(动)	56
	○解	(动)	48
jin	○今后	(名)	41
	☆近	(形)	37
	☆进行	(动)	32
	○进修	(动)	54
	△尽力		56
jing	○京剧	(名)	44
	△惊讶	(形)	48
	☆经过	(动)	32
	☆经济	(名)	41
	☆经验	(名)	49
	☆精彩	(形)	38
	☆精神	(名)	49
	△精细	(形)	60
	○井	(名)	47
	敬	(动)	40
	○敬礼		54

	○静	（形）	49
jiu	☆旧	（形）	51
	○救	（动）	51
ju	举例		53
	○具有	（动）	59
juan	捐	（动）	47
	△卷	（动）	34

K

kai	☆开(车)	（动）	33
	○开放(花开放)	（动）	37
	○开放	（动）	49
	☆开玩笑		55
kan	☆看病		42
	○看法	（名）	51
	○看来	（名）	46
kao	○考	（动）	39
	○考虑	（动）	54
	☆考试	（动、名）	39
	○靠	（动）	51
ke	苛政		46
	○颗	（量）	37
	☆科学	（名）	59
	○科学家	（名）	56

	○可爱	(形)	33
	○可怜	(形)	53
	△可惜	(形)	52
	☆渴	(形)	58
	○克服	(动)	56
	○客人	(名)	40
	☆课	(名)	39
	☆课本	(名)	36
kong	○控制	(动)	43
kou	☆口	(量)	46
	☆口语	(名)	39
ku	☆哭	(动)	46
	○裤子	(名)	36
kuai	☆筷子	(名)	48
kun	☆困难	(名)	31
	○困	(动)	50
kuo	○扩大	(动)	57

L

la	☆啦	(助)	44
	△辣	(形)	43
	辣子	(名)	58
lai	○来	(助)	47
	△来源	(名)	59

lang	○浪费	（动）	52
lao	△牢	（形）	39
	☆劳（动）	（动）	51
	○老	（副）	32
	老伴儿	（名）	44
	△老年	（名）	42
	○老人	（名）	48
	○老头	（名）	50
lei	○类	（量）	50
leng	△冷淡	（形）	40
li	○离婚		53
	○离开	（动）	41
	○礼貌	（名）	40
	○理解	（动）	52
	○理想	（名）	32
	○立	（动）	35
	○厉害	（形）	48
	☆例如	（动）	47
lian	☆(连)…都(也)…		34
	○联合	（动）	60
	☆联系	（动、名）	41
	☆脸	（名）	40
	○练	（动）	40
liao	☆了	（动）	41
	○了不起		38
lin	○临	（副）	48

	○邻居	（名）	48
ling	○另	（形）	49
	○另外	（形）	34
liu	○流利	（形）	31
	☆留	（动）	42
	☆留念		40
	△留学		59
	☆留学生	（名）	47
lu	☆路	（量）	35
lü	○旅馆	（名）	55
	旅行社	（名）	34
luo	○落	（动）	37

M

ma	○马虎	（形）	39
	☆马上	（副）	40
	☆嘛	（助）	33
mai	○埋	（动）	57
man	○满足	（动）	43
mao	○毛巾	（名）	34
	☆帽（帽子）	（名）	50
mei	○没什么		44
	○美丽	（形）	32
	美味	（名）	52

333

men	○门	（量）	39
	△闷	（形）	48
	☆们	（尾）	33
meng	△猛	（形）	46
mi	☆米饭	（名）	58
	蜜月	（名）	60
	○秘密	（名）	49
mian	○面	（名）	43
	☆面条儿	（名）	58
miao	○庙	（名）	35
min	☆民族	（名）	55
ming	○明白	（形）	45
	明珠	（名）	37
	○名	（量）	41
	名牌儿	（名）	45
	○名胜	（名）	34
	名言	（名）	42
mu	木匠	（名）	42
	○目的	（名）	41
	○目前	（名）	59
	募捐	（动）	51

N

na	☆那些	（代）	36

nai	○耐心	（形）	53
nan	☆南边	（名）	35
	○南方	（名）	43
	○南面	（名）	35
nei	○内	（名）	34
	☆内容	（名）	48
neng	○能干	（形）	41
	☆能够	（能愿）	51
nian	○年龄	（名）	54
	☆年轻	（形）	52
niao	○鸟	（名）	44
nong	☆农（农业）	（名）	50
	△农贸市场		50
	○弄	（动）	59
nu	☆努力	（形）	31

P

pai	☆拍	（动）	55
	○牌儿	（名）	45
	☆派	（动）	42
pan	○盘子	（名）	58
	○判	（动）	53
pao	☆跑	（动）	42
pi	☆啤酒	（名）	38

pian	☆篇	(量)	38
pin	☆拼音	(名)	31
ping	☆瓶	(量)	60
	○瓶子	(名)	60
pu	○普通	(形)	40
	△普通话	(名)	31

Q

qi	○期间	(名)	56
	期终	(名)	39
	△其实	(副)	60
	○其他	(代)	49
	○其中	(名)	59
	△棋	(名)	44
	△起飞	(动)	40
	△气	(名)	45
	○气候	(名)	43
qian	☆铅笔	(名)	36
	△谦虚	(形)	52
	△前后	(名)	60
	○前年	(名)	42
qiang	☆墙	(名)	56
	○强烈	(形)	57
qie	○切	(动)	48

qin	勤奋	（形）	47
qing	☆清楚	（形）	45
	☆情况	（名）	31
	△请教	（动）	38
	○请客		58
qiu	求实	（动）	47
qu	☆取得	（动）	52
	去世	（动）	53
quan	☆全体	（名）	56
que	○缺	（动）	56
	○缺点	（名）	52
	缺课		39
	○却	（副）	37

R

ran	☆然后	（副）	31
rang	☆让（酒、芽）	（动）	52
re	热门	（名）	42
	☆热情	（形）	49
ren	○人家	（代）	42
	△人间	（名）	37
	☆人民	（名）	56
	人生	（名）	42
	○人物	（名）	47

	○认	（动）	47
	☆认为	（动）	51
	☆认真	（形）	57
reng	○扔	（动）	37
	○仍然	（副）	59
ri	☆日文	（名）	60
	☆日语	（名）	52
	☆日子	（名）	49
rong	荣幸	（形）	56
rou	☆肉	（名）	33
ru	○如果	（连）	42
	入托		56
ruan	○软	（形）	36

S

shang			
	○商场	（名）	45
	○商(量)	（动）	55
	○商业	（名）	34
	○伤	（名）	57
	☆上课		32
	☆上来		45
	△上学		31
shao	○稍微	（副）	55
she	☆社会	（名）	40

	社会主义		59
shen	△申请	(动)	54
	○身边	(名)	43
	○什么的		36
	神仙	(名)	37
	△甚至	(连)	52
sheng	○生	(动)	43
	△生病		39
	☆生产	(动)	41
	○生命	(名)	49
	○升	(动)	45
	☆声	(名)	44
	☆声调	(名)	31
	☆声音	(名)	58
	☆省(钱)	(动)	32
	☆剩	(动)	53
shi	○诗	(名)	40
	○失败	(动、名)	42
	○失望	(形)	42
	○石头	(名)	37
	石像	(名)	60
	○食品	(名)	42
	○实际	(名)	41
	☆实现	(动)	32
	○实行	(动)	59
	○实在	(副、形)	44

	○使	(动)	52
	使者	(名)	59
	○市场	(名)	50
	市民	(名)	56
	△市长	(名)	56
	○事物	(名)	52
	○事业	(名)	42
shou	○首先	(副)	54
	○受	(动)	52
	○售货员	(名)	33
shu	△梳子	(名)	34
	○蔬菜	(名)	33
	○熟悉	(形)	45
	△树木	(名)	39
	○数字	(名)	45
shuan	涮	(动)	35
shuang	双生	(名)	33
shui	☆水	(名)	39
	☆水果	(名)	33
	☆水平	(名)	38
	△税	(名)	46
shuo	△说法	(名)	43
	△说服	(动)	53
	☆说明	(动)	53
	硕士	(名)	54
su	○速度	(名)	52

suan	☆算	（动）	35
	蒜	（名）	43
sui	☆虽然	（连）	43
	△岁数	（名）	52
sun	△孙女	（名）	43
	△孙子	（名）	43
	○损失	（动、名）	57
suo	☆所以	（连）	31

T

ta	○塔	（名）	47
tai	○台	（名）	47
tan	○谈话	（名）	40
	△叹气		46
tang	☆汤	（名）	58
	☆糖	（名）	58
	☆躺	（动）	48
	○趟	（量）	36
te	○特点	（名）	38
	特快	（形）	36
ti	☆踢	（动）	57
	☆提	（动）	53
	☆提高	（动）	38
	○提供	（动）	48

341

		○提前	（动）	32
tian		天堂	（名）	37
ting		△亭	（名）	47
		☆停	（动）	46
		○挺	（副）	44
tong		☆通	（动）	32
		☆通过	（动）	50
		☆通知	（动、名）	44
		☆同时	（副）	41
		☆同意	（动）	49
		△统计	（动）	55
tou		○偷	（动）	37
		投资		59
tui		○推荐	（动）	54
		推销	（动）	42
		推销员	（名）	42
tuo		○托	（动）	60

W

wa		☆袜子	（名）	36
wai		○外文	（名）	52
wan		☆完成	（动）	34
		☆完全	（形）	33
		☆晚饭	（名）	55

	晚年	(名)	53
	☆碗	(名)	58
wei	○危机	(名)	51
	未婚		33
	△味	(名)	58
	○味道	(名)	43
	卫生纸	(名)	34
	○胃	(名)	48
	☆喂	(叹)	51
wen	△温和	(形)	43
	☆文字	(名)	38
	☆文学家	(名)	40
	○文学	(名)	60
wo	卧铺	(名)	36
wu	☆屋子	(名)	40
	○污染	(动)	45
	○无论	(连)	52
	☆午饭	(名)	55

X

xi	☆西	(名)	32
	○西餐	(名)	48
	西郊	(名)	47
	西式	(名)	58

343

	☆洗	（动）	58
	洗头水	（名）	34
xia	△虾	（名）	38
	虾仁	（名）	58
	○下面	（名）	39
	☆下(棋)	（动）	44
	☆下去		48
	○吓	（动）	57
xian	馅饼	（名）	58
	○先后	（副）	53
	○咸	（形）	53
	线路	（名）	45
xiang	☆香	（形）	40
	香槟酒	（名）	60
	○相同	（形）	38
	○箱子	（名）	34
	☆想	（动）	41
	○想法	（名）	41
	☆向	（介）	35
	橡皮	（名）	36
xiao	小吃	（名）	34
	○小伙子	（名）	50
	○小说	（名）	38
	☆笑	（动）	40
	○笑话儿	（名）	57
	校庆	（名）	47

	校园	（名）	47
xie	写法	（名）	54
xin	☆辛苦	（形）	41
	☆新年	（名）	60
	☆新闻	（名）	57
	○新鲜	（形）	52
	△欣赏	（动）	32
	△信息	（名）	48
xing	△行李	（名）	34
	○形象	（名）	58
	○醒	（动）	50
	○性格	（名）	33
	☆幸福	（形）	33
xiu	△修建	（动）	35
	羞愧	（形）	48
xu	虚岁	（名）	44
xuan	○选	（动）	39
	选读		39
	○选举	（动）	56
xue	○学员	（名）	51
	学风	（名）	47
	○学问	（名）	40
xun	○迅速	（形）	59

Y

ya	○牙膏	(名)	34
	○牙刷	(名)	34
yan	○盐	(名)	58
	严谨	(形)	47
	○严重	(形)	56
	☆研究	(动)	41
	研究生院		47
	○研究所	(名)	47
	☆演出	(动、名)	51
	○演说	(动)	56
	☆宴会	(名)	58
yang	☆羊	(名)	35
	○养	(动)	44
yao	☆要求	(动、名)	43
	☆要	(动)	32
	△要不是	(连)	47
ye	○叶(叶子)	(名)	44
	☆夜	(名)	36
	夜班		41
	夜市	(名)	50
yi	一辈子	(名)	42
	☆一定	(形)	58

	○一切	（名）	43
	△一向	（副）	51
	○依靠	（动）	51
	☆一般	（形）	32
	○一生	（名）	49
	☆一直	（副）	45
	○…以来		46
	○以上	（名）	33
	☆以为	（动）	54
	○以下	（名）	33
	☆艺术	（名）	38
	☆意思	（名）	37
yin	音乐家	（名）	38
	音乐会	（名）	38
	☆因为	（连）	31
	饮食	（名）	43
	○印	（动）	57
	○印象	（名）	59
ying	☆英文	（名）	31
	☆英语	（名）	33
	○营业	（动）	50
	☆影响	（动、名）	53
	○硬	（形）	36
yong	☆永远	（副）	37
	用法	（名）	58
	△用品	（名）	36

you	○优点	(名)	52
	○优美	(形)	47
	○优秀	(形)	54
	△游	(动)	34
	☆有的	(代)	39
	○有(一)点儿	(副)	32
	☆有(名)	(形)	34
	☆有时候		39
	☆右	(名)	35
yu	○于	(介)	46
	○于是	(连)	42
	○与	(连)	49
	☆语法	(名)	31
	☆语言	(名)	44
	☆语音	(名)	31
	☆预习	(动)	51
	☆遇到	(动)	60
yuan	☆原谅	(动)	55
	○愿望	(名)	55
	☆愿意	(能愿)	44
yun	○允许	(动)	43

Z

zai	○灾	(名)	51

	灾民	（名）	51
	再婚		53
	△在于	（动）	49
	在…中		31
zao	△糟	（形）	44
	噪音	（名）	45
	造成	（动）	57
ze	○责任	（名）	56
zen	☆怎样	（代）	51
zeng	☆增加	（动）	43
	○增长	（动）	46
zha	△炸	（动）	58
zhang	☆掌握	（动）	39
	○丈夫	（名）	41
zhao	○招待	（动）	52
	招聘	（动）	54
	☆找(工作)	（动）	31
	○照	（动）	37
	☆照顾	（动）	41
zhe	△这会儿	（名）	54
zhen	○真	（形）	60
	△震	（动）	57
zheng	征婚		33
	○正好	（副）	35
	○正式	（形）	58
	○政策	（名）	59

	☆政府	(名)	56
	☆政治	(名)	59
	△挣	(动)	51
zhi	○…之一		47
	○支持	(动)	41
	☆知识	(名)	46
	△直达	(动)	55
	○职业	(名)	41
	职务	(名)	56
	☆只	(副)	40
	○只要	(连)	45
	☆指	(动)	46
	○治	(动)	49
	○质(量)	(名)	41
zhong	○中餐	(名)	58
	☆中文	(名)	31
	○中心	(名)	35
	☆钟头	(名)	36
	终点	(名)	45
	○终于	(副)	53
	☆种	(量)	43
	☆重	(形)	34
	○重大	(形)	56
	○重点	(名)	46
zhou	○周到	(形)	54
	△周末	(名)	45

	周岁	(名)	44
zhu	☆主要	(形)	48
	住房		56
	△驻	(动)	31
	○著(名)	(形)	32
	☆祝	(动)	41
	助理	(名)	54
zhua	○抓紧	(动)	55
zhuan	△专	(形)	45
	○专门	(形)	41
	○专业	(名)	33
zhuang	☆装	(动)	34
	△壮观	(形)	45
	○撞	(动)	57
zhun	○准确	(形)	31
	○准时	(形)	55
zi	△姿势	(名)	58
	○仔细	(形)	60
	△字典	(名)	38
	○自费	(形)	54
	○自然	(形)	31
	○自我	(代)	54
	自选		50
zu	△足	(形)	45
	☆足球	(名)	40
	○组	(名)	39

zui	☆嘴	(名)	39
zuo	○左右	(副)	32
	☆作	(动)	54
	○作者	(名)	60
	○作法	(名)	60
	○座谈	(动)	47

专名　　Proper Nouns

Bǎihuò DàLóu	百货大楼	36
Běijīng DàXué	北京大学	47
Běijīng FànDiàn	北京饭店	35
Běijīng Huōchēzhàn	北京火车站	45
Běijīng Jīngji Xuéyuàn	北京经济学院	54
Běijīng Wàiguóyǔ Xuéyuàn	北京外国语学院	54
Bèiduōfēn	贝多芬	38
Cài Yuánpéi	蔡元培	47
Diānjiàoguǎn	电教馆	47
Dōngláishùn	东来顺	35
Dōng-xī Chánganjiē	东西长安街	45
Fǎguó	法国	60
Fēigē	飞鸽	45
Fènghuáng	凤凰	45
Gùgōng	故宫	34
Hǎinándǎo	海南岛	46
Hǔshǎn	虎山	46
Huáshèngdùn	华盛顿	32
Huàxuélóu	化学楼	47
Jiā	《家》	38
Jiānádà	加拿大	55
Jiékè	捷克	60

Jiùjīnshān	旧金山	60
Kǒngzǐ	孔子	46
Láodòng Rénmín Wénhuàgōng	劳动人民文化宫	35
Lǐ Dàzhāo	李大钊	47
Lǐ Kěrǎn	李可染	38
Lúndūn	伦敦	32
Luòshānjī	洛杉矶	32
Měiguó Liánhé Hángkōng Gōngsī	美国联合航空公司	60
Míngdài	明代	35
Mòxīgēchéng	墨西哥城	57
Mòzhátè	莫扎特	38
Nánjīng	南京	60
Ōuzhōu	欧洲	32
Qí Báishí	齐白石	38
Qiántángjiāng	钱塘江	37
Qīngdài	清(代)	35
Qīngdǎo	青岛	46
Rénmín Dàhuìtáng	人民大会堂	35
Shāndōng	山东	43
Shānxī	山西	43
Shuànyángròu	涮羊肉	35
Sōnghuā Jiāng	松花江	46
Sūzhōu	苏州	37
Sūn Zhōngshān	孙中山	35

Tànpíng Yáng	太平洋	42
Tàishān	泰山	46
Tángcháo	唐朝	59
Tiān'ānmén	天安门	35
Tiānshān	天山	46
Tiāntán	天坛	34
Wángfǔjǐng	王府井	35
Wángmǔniángniang	王母娘娘	37
Wèimínghú	未名湖	47
Wénhuà Zhōngxīn	文化中心	47
Wūlǔmùqí	乌鲁木齐	57
WǔsìShíqī	五四时期	47
Xīdān	西单	45
Xīdān Shāngchǎng	西单商场	45
Xīhú	西湖	34
Xīnhuá Shūdiàn	新华书店	35
Xīnmíng Gōngsī	新明公司	54
Xīwénhuà Yùndòng	新文化运动	47
Xú Bēihóng	徐悲鸿	38
Yānjīng Dàxué	燕京大学	47
Yìdàlì	意大利	58
Yǒngjiǔ	永久	45
Yǒuyí Shāngdiàn	友谊商店	55
Zhèng Bǎnqiáo	郑板桥	40
Zhōngguó Mínháng	中国民航	34
Zhōngshān Gōngyuán	中山公园	35

Zhōngshān Líng	中山陵	60
Zhōngqiū Jié	中秋节	37

对外汉语教材系列

汉语初级教程(1—4)(配磁带)	邓　懿主编
汉语中级教程(1—2)(配磁带)	杜　荣主编
汉语高级教程(1—2)(配磁带)	姚殿芳主编
新汉语教程(1—3)(配磁带)	李晓琪等
读报刊看中国(初级本)	潘兆明等
读报刊看中国(中级本)	潘兆明等
读报刊看中国(高级本)	潘兆明等
汉语中级听力教程(上下共4册)(配磁带)	潘兆明等
中级汉语口语(上下)(配磁带)	刘德联、刘晓雨
中国家常	杨贺松
新编汉语教程(配磁带)	刘瑞年、李晓琪
汉语情景会话(配磁带)	陈　如等
速成汉语	何　慕
趣味汉语	刘德联、高明明
趣味汉语阅读(配磁带)	刘德联、高明明
汉语交际手册(配磁带)	王晓澎、刘谦功
商用汉语会话(配磁带)	郭　力
外国留学生汉语写作指导	乔惠芳、赵建华
简明实用汉字学	李大遂
对外汉语教学中高级课程习题集(配磁带)	李玉敬主编
现代千字文(配磁带)	张朋朋
汉语常用词用法词典	李晓琪等
中国概况	王顺洪
中国风俗概观	杨存田